이중섭 _____ 고독한 예술혼

일러두기

- 이 책에 실린 이중섭의 작품들은 되도록 연대순으로 배열했습니다.
- 작품 아래에 붙인 설명은 제목, 그림 재료와 기법, 크기, 연도, 소장처 순으로 표기하고,
  불명확하거나 사실 여부를 알 수 없는 사항은 뺐습니다.
- 이 책의 편지글에서 나오는 '대향', '구촌'은 이중섭의 호이며,
  '발가락 군'은 아내 이남덕 여사의 애칭입니다.

이중섭 _____ 고독한 예술혼

엄광용 글

산하

차례

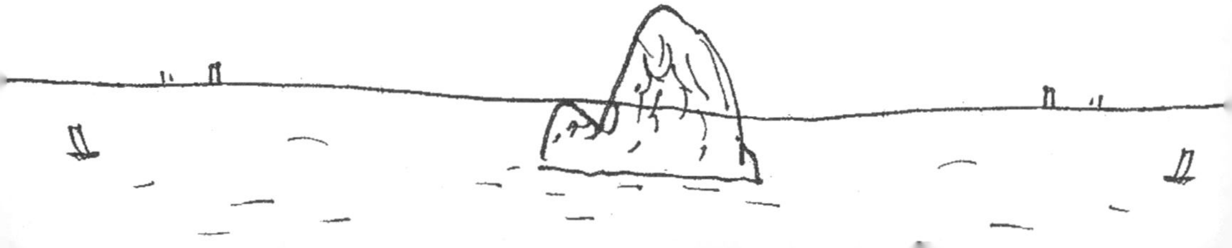

창밖의 까만 하늘에는 노란 달이 걸려 있었다. 나뭇가지 사이
로 떠오른 그 달은, 마치 햇과일처럼 해맑게 대롱대롱 매달려 있
었다. 아직 채 보름이 되지는 않은, 배가 불룩한 달이었다. 동그란
보름달로 점점 부풀어 가는 노란 달이 병실 안을 몰래 엿보고 있
었다.

침대에는 화가 이중섭이 눈을 감은 채 누워 있었는데, 그의 얼
굴 역시 노란색이었다. 그의 턱에 꺼칠하게 자라 있는 수염도 노란
색이었다. 달빛 때문일까, 그가 덮고 있는 침대 시트까지도 노란색
으로 보였다. 그래서 병실 안은 온통 노란색으로 물들어 있었다.

바로 그때, 이중섭이 조용히 눈을 떴다. 그러고는 창밖의 노란
달을 바라보며 아주 작은 소리로 중얼거렸다.

"이거 봐! 이거 봐!"

이중섭은 바로 곁에 누가 있기라도 한 것처럼 말했지만, 병실에는 그 말고는 아무도 없었다.

"이거야! 바로 이거야!"

다시 이중섭은 노란 달을 쳐다보며 열에 들뜬 목소리로 중얼거렸다. 그때 그가 노란 달을 통해 보고 있었던 것은 황소의 눈이었다. 환상이었지만, 그는 둥그스름한 달의 이미지에서 황소의 커다란 눈을 떠올렸던 것이다.

황소의 눈이 점점 이중섭에게로 가까이 다가왔다. 그 눈의 허상은 그의 온몸을 덮칠 듯이 큰 그림자로 확대되었다.

"내가 찾던 것이 바로 이거라고!"

이중섭은 황소의 눈 속으로 빨려 들면서, 거기에서 비로소 한 소년을 찾아냈다. 황소를 열심히 스케치북에 데생 하고 있는 그 소년은 바로 어린 시절 그의 모습이었다.

소에 미친 소년

소년 이중섭은 황소의 눈을 뚫어지게 바라보고 있었다. 서산 아래로 해가 떨어지는 줄도 모르고 그는 스케치북에 열심히 그림을 그렸다.

풀밭에 엎드려서 그림을 그리는 이중섭의 눈에는 석양에 비친 황소가 마치 거대한 산맥처럼 보였다. 산맥의 능선을 이루고 있는 황소의 어깨와 등줄기 사이로 막 해가 넘어가고 있었다.

황소는 되새김질을 하며 멀뚱한 눈으로 이중섭을 쳐다보고 있었다. 황혼 속에 빛나는 황소의 눈은 물기에 젖어 번들거렸다.

그 황소가 '나는 슬프다.'라고 말하는 것 같았다. 잠시 데생 하던 손길을 멈추고 이중섭은 물끄러미 황소를 바라보았다. 그는 물기 어린 황소의 눈을 향해 '너는 왜 슬프니?' 하고 물었다. 슬픈 황소의 눈이 '나라를 잃었기 때문에 슬픈 거야.'라고 대답하는 듯했다.

이중섭은 후유, 한숨을 쉬며 혼잣말처럼 말했다.

"네 맘도 나와 같구나!"

이렇게 이중섭은 자신이 황소를 대신해 묻고 대답하면서, 서로의 눈빛으로 마음을 주고받았다.

오산고등보통학교에 다니던 시절, 이중섭은 하루 종일 들판에 나가 풀을 뜯는 소를 바라보며 그림을 그리곤 했다. 아침에 동쪽 오봉산에서 해가 솟아오를 때 들판에 나가면, 저녁에 서쪽 제석산 너머로 해가 떨어질 때까지 움직일 줄 모르고 소만 관찰하는 것이었다. 그는 늘 점심을 걸렀지만 배가 고픈 줄도 몰랐다. 소의 커다란 눈만 들여다보고 있으면 그저 행복할 따름이었다.

"소는 말을 못 하니까 모든 걸 눈으로 말하지. 소는 그래서 거짓말을 할 줄 몰라. 사람이든 동물이든 눈은 절대 속임수를 쓰지 않으니까."

이중섭은 하숙집으로 돌아오면서 이렇게 혼잣말로 중얼거렸다.

"형, 오늘도 소를 그리러 갔다 오는 거야?"

집에 돌아오자, 같은 하숙방을 쓰는 후배 김창복이 근심 어린

〈소년〉 종이에 연필, 26.4×18.5cm, 1942년으로 추정, 개인 소장.

표정으로 이중섭을 바라보았다.

"그래. 소를 보고 있으면 마음이 평화로워진단다."

당시 이중섭은 오산고보 5학년이었고 김창복은 그보다 3년 후배로, 둘 다 그림에 대한 관심이 많았다.

"형, 이곳 마을 사람들이 형보러 뭐라는 줄 알아?"

"……뭐라는데?"

"소에 미친 녀석이래."

김창복의 말에 이중섭은 깔깔대고 웃었다. 좀 묘한 분위기의 웃음이었지만, 불쾌한 감정이 섞여 있지는 않았다.

"뭐에 미치든, 미친다는 건 좋은 거야. 창복아, 나는 앞으로 조선의 진짜배기 소만 그릴 테다. 소에게선 순수한 조선의 냄새가 나거든. 너도 앞으로 조선의 냄새가 물씬 풍기는 그런 그림을 그려 봐."

이중섭은 또 깔깔대며 특유의 웃음을 토해 냈다. 그는 얼굴이 좀 긴 편이었는데, 그중 유난히 턱이 길었다. 약간 주걱턱이어서 그런지, 그 웃음소리 끝에는 아주 특이한 여운이 남았다. 상대방을 깔보는 듯하면서도, 사실은 자신을 비웃는 것처럼 여겨지는 그런 웃음이었다.

이중섭이 웃을 때는 긴 턱도 흔들렸다. 턱에는 약간 거뭇거뭇하고 노르스름한 수염 자국이 나 있었다. 그는 이미 소년기를 넘어서 청년기로 들어서고 있었던 것이다. 우수가 깃든 눈빛이 유난히 빛나는 것도 그의 정신적인 성숙도를 말해 주고 있었다.

이중섭의 고향은 평안남도 평원군 조운면 송천리다. 1916년 4월 10일, 부농 가정에서 2남 1녀 중 막내아들로 태어난 그는 집안의 귀여움을 독차지하면서 자랐다. 그러나 그가 다섯 살 되던 해인 1920년에 아버지가 세상을 떠났다.

원래 7백 석이 넘게 수확하던 부농이었기 때문에, 장례식은 아주 거창했다. 울긋불긋한 만장이 송천리 하늘을 뒤덮었다. 아버지의 꽃상여가 남긴 원색적인 색상의 기억은 그의 어린 시절을 경이롭게 채색했다.

아버지가 죽고 나자, 어머니가 소작인들을 직접 관리했다. 어머니는 소작인들에게 매우 엄격했다. 어떤 머슴은 술을 마시고 주정을 하다가 그 자리에서 3년 새경을 받고 쫓겨났다. 그녀는 꽃을 가꾸고 과자 만드는 일에도 능했다. 바느질도 잘했다. 그녀의 손에 들어가면 무엇이든 물건이 되어 나왔다. 이처럼 솜씨가 좋았기 때문에, 일가친척들은 그녀를 만물박사라고 불렀다. 그녀는 늘 치마 허리에 큰 주머니를 차고 다녔다. 그 안에는 별의별 민간 치료 약이 다 들어 있었는데, 집안의 웬만큼 아픈 사람은 그녀가 다 치료했다.

이중섭은 어머니의 치마꼬리를 붙잡고 들에 따라 나가기를 좋아했다. 그 무렵 그녀는 소작인들을 독려하기 위해 자주 논밭에 나갔는데, 어린 아들의 손을 잡고 돌면서 자연 교육을 시킨 셈이었다. 어린 이중섭은 무엇보다도 논밭을 가는 힘센 황소에게 매력을 느꼈다.

"어머니, 저 황소는 힘이 아주 세지요?"

이중섭은 어머니의 치마꼬리를 붙든 채 황소가 일하는 모습을 넋을 잃고 바라보았다.

"소가 없던 시절엔 사람이 밭을 갈았단다. 얼마나 힘이 들었겠니? 그러나 이젠 소가 사람 일을 대신하니 힘이 덜 들고 편리하단다. 농사짓는 사람들에겐 소가 재산이지. 소야말로 큰 일꾼이야. 그러니 사람들은 늘 소한테 감사하는 마음을 가져야 한단다."

어머니의 말을 들으며 이중섭은 고개를 끄덕였다.

"황소 눈이 참 순해 보여요."

이중섭은 한참 황소의 눈을 들여다보고는 어머니에게 말했다.

"그 녀석, 인정이 참 많구나. 황소가 불쌍해 보인단 말이지?"

"네. 너무 힘든 일을 하니까 불쌍해 보여요. 그런데 황소는 말을 할 줄 모르니까 아무리 힘이 들어도 계속해서 일만 하잖아요."

어머니는 대견한 생각이 들어 이중섭의 등을 토닥거려 주었다.

이중섭은 어머니를 따라 평양의 이문리 외가에도 자주 갔다. 평양 시내에 있던 외가는 당시만 해도 주변에 과수원과 논밭이 있어서 시골 같은 분위기였다. 외할아버지는 평양의 자본가로 알려져 있었다. 그래서 이중섭과 비슷한 또래의 이종사촌들은 외갓집에 머물며 평양에 있는 학교를 다녔다.

외할아버지가 사업으로 바빴기 때문에 외할머니가 과수원을 직접 관리하였는데, 손자들이 오면 사과를 하나씩 나눠 주곤 했다. 사과를 받아 든 이중섭은 그걸 곧바로 먹지 않았다. 그는 집 모퉁이에 쪼그리고 앉아 나무 끄트러기로 땅바닥에 사과 그림을 그렸다. 햇빛에 반짝이는 탐스러운 사과들이 주렁주렁 매달린 과수원 길을 걷는 것도 큰 즐거움 중 하나였다.

홀어머니 밑에서 자라서 그런지, 이중섭은 어려서부터 외로움을 많이 탔다. 그보다 열두 살이 많았던 형 이중석과 다섯 살 많은 누나 이중숙이 있었지만, 형제들과 나이 차이가 많이 나서 주로 혼자 놀았다.

이중섭은 한문 서당에서 《동몽선습》, 《맹자》, 《논어》 등을 배웠다. 그러다가 여덟 살 되던 1923년, 평양 시내에 있는 종로공립보통학교에 입학했다. 뒷날 화가가 된 김병기아 한 학년이었는데, 두 사람은 6년 내내 같은 반이 되었다.

평양 외가에서 학교를 다니던 시절, 이중섭은 이종형제들 틈에서도 늘 외톨이로 지냈다. 같은 나이의 이종형제 중 이광석이 있었고, 그보다 나이가 조금 위인 이종 누이 이효석이 있었다. 하지만 이중섭은 천성적으로 외로움을 잘 타는 아이였다. 주변에 같이 놀 수 있는 친구가 없어서 오는 외로움이 아니라, 여럿이 함께 어울리는 것보다 혼자 있는 것이 더 마음 편안한 체질이었던 것이다. 그런 외로움은 자연스레 그에게 사색의 시간을 갖게 해 주었다. 그리고 그것은 그림 그리는 솜씨로 빛을 보게 되었다.

어느 날 학교 친구인 김병기가 이문리로 놀러 갔을 때, 이중섭은 닳고 닳은 수채화용 붓을 보여 주며 이렇게 말했다.

"얘, 병기야! 물감이 너무 많이 묻었을 때 이 몽당붓을 대면 쪽 빨아 먹는다. 신기하지 않니?"

이중섭은 이미 그때부터 그림 그리는 기법을 스스로 익혀 나가고 있었다. 물감과 붓의 성질을 잘 파악하고 있었던 것이다.

이중섭도 곧잘 김병기의 집으로 놀러 가곤 했다. 그 집에는 그림 그리는 도구들이며, 그리다 놔둔 그림들, 그리고 외국의 미술 잡지들이 많이 있었다. 김병기의 아버지는 화가였다. 이중섭은 친구와 함께 시간 가는 줄 모르고 미술 잡지에 나온 그림들을 감상하였다. 그로서는 일찍부터 외국 화풍을 접할 수 있는 좋은 기회가 아닐 수 없었다.

4학년 때 단거리 육상 선수로도 뽑힌 적이 있는 이중섭은, 그러나 운동보다 그림을 더 좋아했다. 공책은 물론이고 교과서에다가도 그림을 그려 넣었다.

평양 종로공립보통학교 졸업 사진. 앞에서 세 번째 줄 가장 오른쪽이 이중섭.

이중섭이 가지고 있던 또 하나의 취미는 평양 시내의 종로 거리에 있는 문방구점에 가는 일이었다. 거기에는 그림 그리기에 좋은 도화지와 물감들이 무지무지하게 많았기 때문이다. 대지주의 아들이긴 했지만, 호주머니에 돈이 떨어졌을 때는 그냥 문방구점 밖에서 안을 들여다보며 시간을 보냈다. 그러면서 자신이 문방구점 주인이라면 얼마나 좋을까 하는 생각에 젖기도 했다. 그는 미술 도구들에 욕심이 많았는데, 그건 미술에 대한 애착에서 비롯된 것이었다.

이중섭은 보통학교 졸업을 앞두고 상급 학교 진학을 위한 입학 시험을 치러야 했다. 당시에는 학교가 많지 않은 관계로 치열한 입시 전쟁을 거쳐야 했다. 그래서 대부분 학생들은 5~6학년이 되면 입시 공부에 몰두했다. 그러나 이중섭은 입시 공부에 별로 신경을 쓰지 않았다. 그저 그림 그리는 데에만 열중할 뿐이었다.

"너 정말 공부 안 할래? 네 형처럼 공부를 잘해서 평양고보에 합격해야지."

이모가 이렇게 말했지만, 이중섭은 들은 척도 안 하고 그림 그리는 데에만 정신이 팔려 있었다.

"헤헤, 난 그림 공부를 할 거야. 난 그림이 좋거든."

이중섭은 바보처럼 입을 벌리고 웃었다. 그걸 보고 이모가 답답한 듯 가슴을 두드리며 말했다.

"넌 아무래도 미친 녀석이야."

결국 이중섭은 이모에게 '그림에 미친 아이'라는 소리를 들었다.

보통학교를 졸업한 이중섭은 형처럼 평양고등보통학교에 입학 원서를 냈다. 만약에 떨어질 것을 대비해 오산고등보통학교에도 원서를 냈다.

이중섭은 두 군데나 입학 원서를 내놓고도, 시험공부는 제쳐 둔 채 그림만 그렸다. 입시 전날까지도 그는 태연자약하게 그림 그리기에 몰두해 있었다. 결국 이중섭은 평양고보에는 낙방을 하고, 오산고보에는 합격을 했다.

1929년 봄, 이중섭은 오산고보에 입학했다. 학교가 집과 외가에서 멀리 떨어져 있었기 때문에, 그는 학교가 있는 평안북도 정주에 하숙을 정하고 유학 생활을 하게 되었다.

평안북도 정주에는 오봉산이라는 큰 산이 있었다. 그 산 이름을 줄여서 지은 학교 이름이 오산고등보통학교였다. 오산고보는 약 10만 평에 이르는 넓은 평야 지대에 위치해 있었다. 넓은 운동장이 있었고, 단층 건물로 된 본관에는 한 학년에 두 반씩 해서 5학년까지 총 10학급의 교실과 교무실이 있었다. 교장은 고당 조만식이었고, 설립자 이승훈의 맏사위인 주기용, 그리고 함석헌, 김기석 등 민족의식이 강한 선생들이 자리 잡고 있었다.

민족의식이 강한 선생들의 피 끓는 강의는 이중섭의 젊은 영혼을 뒤흔들어 놓았다. 특히 한국사를 가르친 함석헌의 강의는 학생들에게 강한 민족의식을 심어 주었으며, 젊은 철학자 김기석의 열정적인 강의는 젊은 학생들의 영혼에 불을 지르기에 충분하였다.

당시 오산고보의 수재들 중에는 까치, 아고리, 고릴라, 곰, 두더지 등으로 불리던 5대 명물이 있었는데, 그중 아고리는 바로 이중섭의 별명이었다. 그가 아고리라는 별명으로 불린 것은 유난히 턱이 길고 입이 컸기 때문이었다.

이중섭이 오직 열성적으로 공부한 것은 그림이었다. 그가 이처럼 그림에 몰두할 수 있었던 것은 화가이며 도화 교사였던 임용련 덕분이었다.

화가 임용련과 백남순 부부가 오산고보에 부임한 것은 이중섭이 5학년 되던 해의 일이었다. 임용련은 고보를 다니던 시절, 3.1 운동에 적극 동참하다 쫓기는 몸이 되어 중국으로 망명한 적이 있었다. 그는 거기서 미국으로 건너가 보스턴대학을 졸업하고, 이어서 예일대학 미술학부를 우등으로 졸업했다. 그리고 백남순은 일본여자미술학교를 졸업하고 프랑스 파리로 건너가 작품 활동을 했던 화가로, 임용련과 만나 결혼한 뒤 두 사람이 함께 고국으로 돌아왔다.

임용련은 이중섭에게, 백남순은 이중섭과 같이 하숙 생활을 한 3년 후배 김창복에게 그림을 가르쳤다.

위_남강 이승훈이 설립한 오산고등보통학교 전경.
아래 왼쪽_ 이승훈(1864~1930). 교육자이자 독립운동가.
3.1운동 당시 민족 대표 33인 중 한 사람이었다.
아래 오른쪽_ 오산고등보통학교 스승이었던 임용련과 백남순.

"중섭아, 진정한 예술 작품은 수없이 많은 습작에 의해 만들어지는 거란다."

임용련의 이 같은 가르침을 이중섭은 뼈에 스밀 정도로 가슴속에 아로새겼다.

이중섭은 임용련에게 미술 지도를 받을 때부터 미술에 대해 새로이 눈을 뜨기 시작했다. 민족주의 성향이 강한 선생들이 이중섭의 역사의식을 일깨우기 시작한 터였다. 임용련의 그림 수업은 이중섭을 새로운 차원의 고민으로 밀어 넣었다. 역사의식을 그림 속에 어떻게 녹아들게 할 것인가, 하는 질문이 그의 마음속에 자리 잡았다.

이중섭은 특히 고구려 벽화에 관심이 많았다. 평양에서 보통학교에 다니던 시절에 그는 이미 고구려 고분 안에서 놀곤 했다. 그러다가 책에서 다시 보게 된 고구려 벽화의 화려한 색채들은 이중섭을 단번에 매료시켰다. 아주 어렸을 때 아버지 장례식의 만장 행렬을 보고 그 화려한 색채에서 슬픔보다 경이를 느꼈듯, 그는 고구려 벽화에서 죽음의 그림자가 아닌 생명력 넘치는 예술혼을 보았던 것이다. 벽화 속 그림들은 하나같이 살아 있었다. 고구려 사람들의 생활 모습이 그대로 드러난 인물 풍속도와 날개를 달고 하늘을 날아다니는 신선도는 짜릿한 전율마저 느끼게 하였다.

이중섭은 수없이 스케치북에 데생 연습을 했다. 어느 날 그는

〈세 사람〉 종이에 연필, 18.2×28cm, 1941년으로 추정, 서울 원화랑 소장.

밀가루에 수채 물감을 범벅해서, 그것을 짓이겨 바르는 방법으로 그림을 그리기도 했다. 물감이 다 마르고 나자, 밀가루 덩어리로 얼룩진 화면에서 독특한 입체감이 되살아났다.

"그래, 바로 그거야. 무에서 유를 창조하는 거야. 독창성을 길러야 해. 부단히 새로운 소재를 찾도록 노력해야 한다."

임용련은 이중섭의 밀가루 범벅 그림을 보고 감탄하지 않을 수 없었다. 뿐만 아니라, 임용련은 아내 백남순에게도 밀가루 범벅 그림을 보여 주며 '장래의 대화가가 나왔다.'고 자랑을 했다.

그 무렵의 일본 정부는 조선어 말살 정책을 펴기 시작했다. 특히 민족의식이 강했던 오산고보는 다른 학교보다 더 철저한 감시를 받았다.

이중섭은 하숙방에서 빈둥대며 누워 있다가 벌떡 일어나며 말했다.

"창복아, 조선어를 없애면 우린 뭐가 되겠냐? 나중에는 우리가 조선 사람인지 아닌지도 알 수 없게 될 것 아니냐?"

"글쎄, 정말 큰일이야."

김창복도 근심 어린 얼굴로 이중섭을 쳐다보았다.

"난 조선어로 그림을 그릴 생각이야. 그림으로 그리면 조선어가 없어지지 않는다. 조선어 획으로 여러 가지 모양의 그림을 만드는 거야. 미술적 구도로 조합을 하는 것이지."

〈낙원〉 백남순의 작품으로 8폭 병풍 형식의 그림, 1936년, 호암미술관 소장.

이중섭은 신바람이 나서 외쳤다. 그날 이후로 그는 황소를 데생하기 위해 들판에 나가는 것도 뒤로 미루고, 조선어의 자음과 모음을 가지고 독특한 구성의 그림을 그리는 데 열중했다.

"선생님, 이 그림 어때요?"

이중섭은 그 그림을 임용련에게 보여 주었다.

임용련은 그림을 보고 나서도 아무 말이 없었다. 그저 조용히 머리만 끄덕일 뿐이었다. 무언의 칭찬이긴 했지만, 교사로서 더 이상 어떤 말도 해 줄 수 없었다. 칭찬을 해 주면 이중섭이 용기를 갖고 그 일에 더 매달릴지도 모른다는 생각에, 그만 입을 다물어 버렸다.

이중섭의 무한한 가능성을 알고 있는 임용련으로서는 그가 일본인들의 조선어 말살 정책에 항거하다 자칫 다칠 우려가 있다고 판단했던 것이다. 오산고보 5대 명물 중 하나로 알려진 이중섭이 동료들을 끌어들여 그런 항거의 뜻으로 어떤 움직임을 보일지도 모른다고 생각했기 때문이었다.

그날 밤, 이중섭은 몹시 괴로웠다. 늘 자신에게 칭찬을 아끼지 않던 미술 교사 임용련이 한글 자모로 그린 그림을 보고는 어떻다는 말이 없었기 때문이었다. 물론 칭찬을 받으려고 그린 그림은 아니었지만, 이중섭은 그림으로도 얼마든지 저항의 표현을 할 수 있다는 걸 보여 주고 싶었던 것이다.

"답답해서 미치겠군."

이중섭은 자신의 가슴을 주먹으로 쥐어박았다.

"형, 왜 그래요?"

옆에서 보고 있던 김창복이 물었다.

"어떻게 하면 왜놈들을 골탕 먹일 수 있을까?"

그림으로 항거해도 별 실효를 거둘 수 없게 되자, 이중섭은 어떻게든 방법을 강구해 일본인들에게 보복을 하고 싶었다.

그 무렵, 학생들의 분위기가 심상치 않다고 생각한 교사들은 매일 밤 하숙집마다 순찰을 돌았다. 1929년 11월 3일 광주 학생 항일 운동이 일어난 지 5년이 지났지만, 그때까지도 학생들 사이에서는 민족주의 사상적 분위기가 식지 않은 상태였다. 더구나 오산고보에는 민족주의 성향이 강한 교사들이 많았던 관계로 학생들의 조국에 대한 사랑이 더욱 깊었다.

어느 날 순찰하는 교사가 지나간 다음, 이중섭은 5대 명물 중 한 명인 까치를 불러냈다.

"우리 학교 건물이 일본의 보험 회사에 가입되어 있다는 사실을 너도 잘 알지?"

이중섭이 작은 목소리로 말했다.

"그런데 그건 왜?"

까치가 눈을 동그랗게 뜨고 물었다.

"우리 오산고보 명물들이 한번 일을 벌이는 거야. 본관 화학실 있잖아? 거기에 불을 지르자. 화학실에는 불에 잘 타는 물질들이 많이 있기 때문에 금세 건물 전체로 번지게 돼."

이중섭의 눈에서는 진짜 불길이 일렁이는 듯했다.

"불을 지른다고?"

이번에는 옆에서 듣고만 있던 김창복이 눈을 휘둥그레 뜨며, 무척 놀란 눈길로 이중섭을 쳐다보았다.

그러나 이중섭은 아주 태연한 목소리로 말했다.

"불이 나서 건물이 타 버리면 일본의 보험 회사에서 새로 지어 주게 돼 있거든. 우리 학교는 전혀 손해 볼 게 없어."

"그래, 그거 괜찮은 생각이다. 우리야 뭐 꿩 먹고 알 먹고지."

갑자기 신바람이 난 까치가 팔까지 걷어붙이고 나섰다.

"우리 오사고보 명물들이 한번 본때를 보여 주자!"

얼굴이 상기된 이중섭도 불끈 주먹을 쥐며 소리쳤다.

"좋아. 우리 말고 나머지 애들에겐 내가 연락을 취하지. 오늘은 늦었고, 내일 밤 자정쯤 본관 건물 앞에서 만나자."

까치도 걷어붙인 팔을 번쩍 들어 올렸다.

다음 날 밤이 되었다.

"형, 오늘 밤에 정말 일을 저지를 거야?"

"흠……."

김창복의 말에 이중섭은 입술을 지그시 깨물었다.

"난 아무래도 불안해. 일이 잘못되면 어떻게 되는지 알지?"

김창복은 두려운 시선으로 얼핏 이중섭의 얼굴을 쳐다보았다. 그의 얼굴에는 불안의 그림자가 어둡게 드리워져 있었다.

"일이 잘못되는 건 문제가 아니야. 일본 순사에게 끌려가면 그뿐이야. 그보다는 우리 학교 본관에 불을 지른다는 일이 잘하는 짓만은 아니라는 생각이 들어. 너무 경솔한 것 같아."

이중섭은 양심의 가책을 느끼고 있었던 것이다. 그러나 친구들과의 약속 시간이 다 되어 가고 있었다.

"나도 그렇게 생각해. 그건 나쁜 짓이야."

김창복이 울먹이는 목소리로 말했다.

"그러나 이제 와서 친구들과의 약속을 저버릴 수도 없잖아."

마음이 흔들린 이중섭의 목소리도 사뭇 떨리고 있었다. 사실 그는 섬약한 데가 있는 성격이었다.

"형, 가지 마. 형이 안 가면 다른 형들도 불을 지르는 일을 감히 하지 못할 거야."

이제 김창복은 이중섭의 팔에 매달리며 애원했다.

"그래, 이 형이 너무 못났구나."

이중섭은 푸욱, 한숨을 내쉬며 땅바닥으로 고개를 떨어뜨렸다. 이미 그는 소년이 아니었다. 자신의 일에 대한 책임을 질 줄 아는 나이였다.

결국 이중섭은 김창복과 함께 뜬눈으로 밤을 지새우며 괴로운 마음을 달랬다. 너무 괴로운 나머지 잠을 한숨도 못 잤다.

다음 날 아침, 오산고보는 발칵 뒤집혔다. 건물 일부가 타면서, 처음 불이 난 화학실의 실험 기구들이 모두 쓸모없게 되어 버리고 말았기 때문이다.

그 사실을 안 이중섭은 불행 중 다행이라고 생각했다. 양심의 가책을 받고 괴로워하던 그는 아침 일찍 학교가 아닌 미술 교사 임용련의 집으로 찾아갔다.

"선생님, 학교 본관에 불을 지른 것은 바로 제가 한 짓입니다."

이중섭은 고개를 꺾었다. 실제로 불은 다른 친구가 지른 것인데, 그는 친구들과의 약속을 어긴 죄책감 때문에 자신이 한 짓이라고 거짓 고백을 한 것이었다.

"아니, 네가? 왜 그런 짓을 했니?"

임용련은 전혀 뜻밖의 사건에 어리둥절하지 않을 수 없었다.

"건물이 다 타 버리면 일본의 보험 회사에서 현대식으로 새 건물을 지어 줄 거란 생각에서 한 짓입니다."

부끄러움 때문에 고개를 들지 못하던 이중섭은 이제 아예 땅바닥에 무릎을 꿇었다.

"네가 무엇 때문에 그런 일을 했는지는 말 안 해도 잘 안다. 그

1934년 화재가 나기 전과 후의 오산고등보통학교 모습.

러나 학교 건물에 불을 지르는 것은 범죄 행위다."

임용련은 침착하게 말했다.

"일어나라, 지금 이 순간부터 아무것도 없었던 일로 생각해라. 그리고 돌아가서 그림을 그려라."

임용련은 이렇게 타일러 이중섭을 돌려보냈다.

잔뜩 야단만 맞을 줄 알았던 이중섭은 고해 성사를 하고 난 뒤의 가벼운 기분이 되어 다시 하숙집으로 돌아왔다.

학교 본관 방화 사건은 임용련의 노력으로 학생들이 하나도 다치지 않고 순탄하게 넘어갈 수 있었다. 그런데 몇 달 뒤 졸업식 때 이중섭은 또 하나의 사건에 걸려들었다.

1934년, 이중섭은 오산고보를 졸업했다. 그 얼마 전에 이중섭은 졸업 앨범에 그림을 그렸는데, 바로 그 그림이 사건의 발단이었다. 일본 쪽에서 한반도로 불덩어리가 날아드는 그림이었다.

일본 순사들이 의심을 품었다. 그림의 내용을 볼 때, 일본의 기운이 조선으로 옮겨 오고 있다는 걸 뜻하는 게 아니냐는 얘기였다.

이 사건도 임용련이 아니었다면 이중섭은 위기를 모면하기 어려웠을 것이다.

"이 불덩어리는 당신들을 뜻하는 것입니다. 당신들은 일본 사람이 아닙니까? 그런데 지금 우리 조선 땅에 와 있지 않습니까? 당신들이 조선 땅으로 건너온 것을 이 그림은 불덩어리로 표현한 것입니다.”

임용련의 이 같은 교묘한 그림 해석은 일본 순사들의 의심을 한 순간에 잠재워 놓기에 충분했다. 자신들을 치켜세워 주자, 오히려 감사하다는 뜻을 전하고 돌아갔던 것이다. 그러나 아무래도 미심쩍은 구석이 있다고 생각했는지, 그들은 끝내 졸업 앨범을 내지 못하게 하였다.

오산고보를 졸업한 직후, 이중섭은 학교 서쪽에 있는 제석산에 올라갔다. 그는 학교를 배경으로 풍경화를 그렸다. 그전에도 자주 풍경화를 그렸지만, 이번에는 의미가 달랐다. 그는 오산고보 시절을 가슴속 깊이 담아 두고 싶었던 것이다.

이중섭은 자신이 그린 오산고보 전경을 임용련에게 바쳤다.

“선생님, 이 그림은 제가 청소년기를 보낸 오산고보의 추억을 제 가슴속에 담아 두기 위해 그린 것입니다. 저는 평생토록 이 시절을 잊지 못할 것입니다. 이 그림은 또한 선생님의 은혜에 보답하기 위해 그린 것입니다. 받아 주십시오.”

20대로 접어든 이중섭의 눈빛은 불꽃처럼 활활 타올랐다. 그 깊은 눈 속에는 맑은 영혼이 샘물처럼 물기를 반짝이며 빛나고 있었다. 맑은 영혼이 내비친다는 것은 그만큼 내면세계가 깊어졌다는 것을 뜻한다. 청소년기를 지나면서 그는 더욱 깊어진 정신세계에 탐닉하였다. 그리고 그 우물에서 길어 올린 영혼의 샘물은 마치 등불이 심지로 석유를 빨아올려 불을 밝히듯, 불타는 투지가 되어 열정적인 그림으로 나타나기 시작하였다.

"그래, 네 뜻을 알겠다. 조선 땅에서는 나처럼 외국을 많이 돌아다닌 사람도 드물 것이다. 미국에서도 살고 프랑스에서도 살았지만, 그러나 우리나라가 가장 좋다는 생각이 든다. 조선 사람은 조선 땅을 제일 사랑하는 법이다. 너도 네가 청소년기를 보낸 이 땅이 좋은 모양이지? 풍경화에 너의 그런 마음이 가득 담겨 있는 것 같구나."

임용련은 그림만 보고도 이중섭의 마음을 알아차렸다.

그즈음에 임용련은 이중섭에게 유학을 가라고 권유하고 있었다. 그는 프랑스로 유학을 가는 것이 좋겠다고 하였고, 이중섭도 그렇게 되기를 원하였다.

그러나 프랑스로 유학을 가게 되면 거의 외톨이 생활을 해야 하기 때문에, 이중섭의 어머니가 그것을 원치 않았다. 당시 이중섭의 사촌들이 일본에 유학을 많이 가 있었기 때문에, 가족들은 그가 일본으로 가기를 원하였다.

당시 이중섭의 집은 그의 형 이중석도 일본 유학을 다녀왔을 만큼 부유했다. 하지만 이중섭은 일본으로 유학을 가고 싶지 않았다.

이중섭은 임용련을 찾아가 어머니의 의견을 전하면서, 자신의

이중석. 1950년 한국전쟁 직전에 행방불명되었다.

생각을 이렇게 털어놓았다.

"저는 일본에서는 공부하기 싫습니다. 조선 사람은 조선 땅이 좋고, 그래서 조선 땅에서 살아야 한다면, 구태여 일본으로 유학을 갈 필요가 없지 않겠습니까? 저는 조선의 흙냄새를 맡으며 그림을 그리고 싶습니다."

"그렇지 않다. 나도 네가 프랑스로 유학 가길 원하지만, 가족들 의견이 그렇다면 할 수 없질 않느냐? 그러니 일본으로라도 유학을 가긴 가야지. 네가 좋아하는 조선의 황소가 일본에는 없다. 그러나 진짜 힘 좋은 조선의 황소를 그리려면, 일본에 가서 그림 공부를 더 해야 한다. 일본을 이기기 위해서 일본으로 가야 한다는 얘기다."

이중섭은 임용련의 말에 고개를 끄덕였다.

마침내 이중섭은 일본 유학의 뜻을 굳혔다. 그러나 그는 오산고보를 졸업하고 나서도 1년 가까이 원산에 머물러 있었다. 그가 학교를 다니는 동안, 가족들이 고향인 평안남도 평원군의 땅을 정리하여 원산으로 이사를 한 것이었다.

이중석은 일본 도쿄의 타쿠쇼쿠대학 상과를 졸업하고 돌아와 원산식산은행에 다니고 있었다. 이중섭에게는 나이가 열두 살이나 위인 형이 아버지만큼이나 어렵게 느껴질 수밖에 없었다.

원산 생활을 시작하면서 이중섭이 달리 할 일이란 없었다. 원

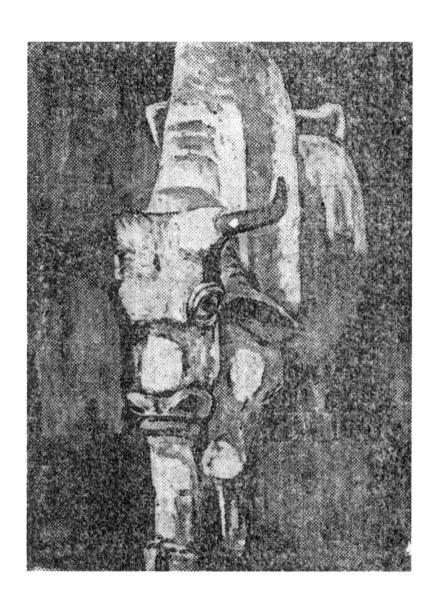

〈서 있는 소〉재료 및 크기 모름, 1940년, 원작 망실.

산 일대의 자연에 매료되어 날마다 들판을 쏘다녔다. 송도원 일대에는 한가롭게 풀을 뜯는 소들이 많이 있었다. 그는 날마다 스케치북을 들고 나가 소를 데생 하기 시작했다. 황소의 여러 동작들을 마치 살아 움직이는 것처럼 생기를 살릴 수 있는 기법으로 그려 보려고 노력하였다. 뿔 달린 머리, 툭 불거진 튼튼한 어깨, 힘이 실린 뒷발, 꿈틀거리는 꼬리 등으로 나누어 그리기도 했다.

원산에서 생활한 1년은 이중섭에게 큰 공부가 되었다. 그는 비로소 자연을 알게 되었다. 자연과 소가 따로따로 있는 것이 아니라, 자연 속에 소가 있다는 사실을 깨달은 것이다. 자연은 더불어 하나였다. 소도 자연의 일부이고, 그 소를 그리는 자신 또한 자연의 일부라는 사실을 이 시기에 배웠다고 해도 과언이 아니다.

1935년, 이중섭은 드디어 부산에서 일본으로 가는 관부연락선에 몸을 실었다. 어머니가 형을 잘 설득해서 일본 유학을 허락받은 것이었다. 사실은 형이 허락을 했다기보다는, 어머니의 청을 거절할 수가 없으니까 그냥 묵인을 해 준 정도였다.

이중석은 동생이 그림을 그린다는 사실을 못마땅하게 생각하고 있었다. 기왕에 일본으로 유학을 간다면, 공부를 마친 다음 귀국해서 좋은 취직자리를 구할 수 있는 학과를 전공하길 바랐다. 그래서 이중섭은 원산을 떠날 때 아무에게도 자신이 일본으로 유학 간다는 사실을 말하지 않았다. 형의 묵인 아래 어머니의 도움을 받아 몰래 도망치듯 떠나온 것이었다.

이중섭은 현해탄을 건너면서 문득 오산고보 졸업 앨범에 그렸던 자신의 그림을 떠올렸다. 검푸른 파도가 넘실대는 배의 난간에 기대선 그는, 그 파도 속에서 용솟음치는 어떤 힘의 원리를 발견하였다. 한반도를 향해 일본 쪽에서 날아오는 불덩어리처럼, 저 파도 역시 일본 땅에서 조선 땅으로 끊임없이 굽이쳐 오고 있었다. 파도는 살아 있었다. 높고 낮은 물굽이를 물결쳐 오면서 배의 난간에 부딪쳐 부서지고, 다시 부딪쳐 오는 과정을 거듭하면서 줄기찬 생명력으로 되살아나고 있었다.

"그래, 나는 이제 저 거센 파도를 타고 있는 거야."

이중섭은 혼잣소리로 중얼거렸다. 그가 생각하는 파도는 꿈틀대는 힘의 원리이기도 했지만, 세계를 한 아름으로 포옹하는 마치 어머니와도 같은 부드러운 가슴이기도 했다.

"나는 이제 저 파도를 타고 세계와 만나는 거다."

이렇게 말하는 이중섭의 가슴은 갑자기 어떤 포만감으로 뿌듯해졌다. 그는 자신감에 넘쳐 있었다.

동방의 루오

일본 도쿄에 첫발을 내디딘 이중섭은 오산고보 선배인 문학수와 같은 집에 하숙을 정했다. 그리고 당시 도쿄에서 유일한 예술 사립대였던 데이고쿠미술 학교에 입학했다.

도쿄는 이중섭이 조선에서 생각하고 있던 것과는 너무나도 달랐다. 오산고보 시절에 생각했던 그런 분위기가 전혀 아니었다. 이미 당시 일본 화단은 서양의 전위미술까지 들어와 있을 정도로 활발하였다.

이중섭은 처음에는 그런 분위기 때문에 주눅이 들기도 했다. 그러나 한편으로는 유파에 따라 추종자가 생기고, 그런 풍토를 자연스럽게 받아들이는 사람들이 싫었다. 그는 예술이야말로 개인의 창조적인 세계라고 생각하고 있었다.

서양의 유파를 그대로 받아들이는 것은 창조성뿐만 아니라 역사성조차 없는 것이라고 이중섭은 생각했다. 진실한 예술은 그것을 그린 사람이 태어나고 자란 곳의 땅 냄새가 물씬 배어 있어야 한다는 것이 그의 단순하면서도 고집스러운 예술관이었다. 다만 그는 프랑스 출신의 화가 조르주 루오의 그림에 심취하여, 격렬하면서도 동적인 굵은 선의 다이내믹한 표현을 좋아하였다. 그는 루오식의 표현 기법을 자기 나름대로 체득하여 재구성하고, 그 안에 우리나라의 전통 예술과 인간의 내면세계가 함축된 깊이 있는 그림을 그리려고 노력하였다.

이중섭이 대학에 다니면서도 친구들과 자주 어울리지 않은 것은 바로 그러한 이유들 때문이었다. 그는 늘 혼자 고민하고 생각했으며, 골방에 틀어박혀 자신의 예술관에 입각한 그림을 그렸다. 어떻게 하면 '캔버스'라는 평면을 입체적이고 동적인 화면으로 변화시킬 것인가에 대한 고민이 이어졌다.

그러던 어느 날, 이중섭에게 편지 한 통이 날아들었다. 그에겐 잊을 수 없는 은사인 오산고보 미술 교사 임용련의 편지였다. 편지 내용은 간략했다. '봄이 오면 다시 오라.'는 것이 그 내용 가운데 뼈 있는 대목이었다.

이미 임용련은 제자가 도쿄에서 겪고 있을 정신적 갈등을 꿰뚫어 보고 있었던 것이다. 그는 이중섭의 진중한 성격을 잘 알고 있었다. 그러기에 온갖 서양 유파들의 범람 속에서 잔뜩 주눅이 들어 있을 제자에 대해 걱정을 하지 않을 수 없었다.

이중섭은 봄이 오면 다시 오라는 은사의 편지 구절을 읽다가 그만 눈물을 흘릴 뻔했다.

이중섭은 도쿄 교외에 있는 이노카시라 공원 근처의 한 아파트에 방을 얻어 자취를 하고 있었다. 은사의 편지를 받고 향수에 젖어 있는 그의 자취방으로 문득 친구가 찾아왔다.

"아니, 이게 누구야? 너, 고릴라 아니냐?"

이중섭은 너무 반가워 친구의 손을 덥석 잡았다. 그는 홍준명으로, 고릴라라는 별명을 가지고 있었다. 오산고보 시절 5대 명물 중 하나로 본관 방화 사건에도 관여했던 친구였다.

홍준명 또한 화가 지망생으로 도쿄에 왔으나, 가정 형편이 어려워 진학을 포기한 채 빈둥거리고 있는 상태였다.

"중섭아! 나는 지금 갈 곳이 없다."

홍준명이 초췌한 얼굴로 말했다.

"잘 왔다. 여기서 나하고 같이 있자."

이중섭은 형이 보내 준 돈 가운데 얼마를 떼어 내 홍준명에게 쥐어 주었다. 홍준명은 그 돈으로 다시 학교에 다닐 수 있게 되었다.

이중섭은 도쿄에 있는 데이고쿠미술학교를 그만두고 분카가쿠인으로 학적을 옮겼다. 분카가쿠인은 니시무라 이사쿠라라는 일본 건축가가 세운 학교인데, 남녀 공학에다 교복이 없을 정도로 아주 자유분방한 학풍을 자랑하고 있었다. 이 학교는 예술을 전문 과정으로 가르치는 초급대학이었는데, 개인의 창조적 능력을 마음대로 발휘할 수 있는 분위기여서 예술을 전공하는 학생들에게는 천국과도 같은 곳이었다.

분카가쿠인에는 문학수, 유영국, 김병기 등의 조선 유학생들이 있었다. 이중섭은 이 학교에 다니면서 비로소 자신감을 얻기 시작했다. 도쿄 생활 2년 만에 그는 내면적인 고뇌의 시간을 극복하고, 드디어 수면 위로 떠올라 자유롭게 친구들과 어울리며 그림을 그리는 데 몰두하였다.

분카가쿠인을 졸업할 무렵, 이중섭은 니혼대학 종교학과에 다니는 조선인 유학생 구상과도 친하게 지냈다. 그가 구상을 소개받은 것은 데이고쿠미술학교에 다니던 친구를 통해서였다.

구상은 이중섭을 처음 보는 순간 대뜸 이렇게 말했다.

"루오 그림의 예수 같소."

이중섭도 구상의 손을 반갑게 잡으며 말했다.

"내가 보기엔 당신이 그런 것 같소."

구상의 말처럼, 이중섭은 분카가쿠인에서 '동방의 루오'라고 불

분카가쿠인 재학 무렵의 사진.

리고 있었다. 루오는 프랑스 화단에서 이름을 떨치던 화가로, 특히 예수 그리스도를 주제로 그린 연작은 세계적으로 주목을 받는 작품이었다. 루오가 그린 〈세 사람〉, 〈베로니카〉 등의 그림들은 이중섭의 영혼에 불을 지르기에 충분하였다.

이중섭의 그림도 루오의 그림처럼 선이 굵고 힘찬 율동으로 꿈틀거렸다. 두 사람의 그림은 기법에 있어서 동질성을 가지고 있었다. 이중섭은 개성을 존중하는 학풍인 분카가쿠인에서 비로소 자신의 독창적인 예술 세계를 마음대로 펼쳐 보인 것인데, 그의 그림을 본 학생들과 교수들이 동방의 루오라는 별명을 붙여 준 것이었다. '동방의 루오가 나타났다.'는 소문과 '루오처럼 시커멓게 칠하는 학생이 나타났다.'는 소문이 이중섭을 따라다녔다. 이처럼 학생들은 모두 이중섭을 괴짜로 생각했다.

함께 자취를 하는 홍준명이 다른 친구의 집에 가 있을 때면, 이중섭은 아예 일주일이고 열흘이고 방문 앞에 '면회 사절' 딱지를 붙여 놓은 채 그림 그리는 데에만 몰두하기도 했다. 이 무렵에는 특히 조선의 냄새가 물씬 풍기는 그림을 많이 그렸는데, 소를 그릴 경우 굵은 선으로 골격만 그린 그림들이 많았다. 사람을 그려도 해골과 뼈대만 그렸다.

이런 화풍의 그림을 보고 학생들은 이중섭을 괴짜 화가로 생각했다. 어쩌다 친구들이 뼈만 남은 소 그림에 대해 물으면 그는 다

〈예수〉 20세기 초 프랑스 화가 조르주 루오의 작품.

음과 같이 대답하곤 했다.

"헤에, 여기선 조선의 소를 볼 수가 없잖아? 그래서 나는 상상의 눈으로 소를 보곤 하지. 그러면 말야, 너무 생각에 몰두하다 보니 소의 몸을 꿰뚫고 뼈까지 보게 되는 거야. 그러니 소 뼈다귀나 그릴 수밖에."

이중섭은 입을 헤 벌린 채 웃길 잘했다. 어떤 때는 깔깔대면서 턱에 난 노란 수염이 흔들릴 정도로 소름 끼치게 웃는 적도 있었다. 그리고 그 웃음 뒤에는 언제나 허무의 쓸쓸한 여운이 그의 얼굴 주변에 흩어져 있곤 했다.

그 무렵, 오산고보 시절 이중섭과 같은 하숙방을 썼던 후배 김창복이 데이고쿠미술학교에 그림 공부를 하러 와 있었다.

이중섭은 너무 반가워 김창복을 자신의 자취방으로 데리고 갔다. 그의 방에는 늘 화구들이 지저분하게 널려 있었다. 그는 김창복에게 손바닥만 한 작은 그림 하나를 보여 주었다.

"창복아, 이 그림 어때?"

이중섭이 내민 것은 은박지 그림이었다.

"이건 뭐야? 담배 은박지 아냐? 참, 형은 중학교 때부터 이런 장난을 잘했지."

"장난?"

"아, 아니. 그런 뜻이 아니라 착상이 기발하다고. 보통 사람들은 캔버스에만 그림을 그린다고 생각하는데, 형은 그림을 그릴 때 장소와 시간의 구별이 없고, 소재나 재료도 가리는 법이 없잖아."

김창복은 감탄하지 않을 수 없었다. 오산고보 시절에 수채 물감과 밀가루를 범벅해서 입체적인 느낌의 그림을 그려 미술 교사 임용련을 놀라게 했던 이중섭이었다.

이미 그런 사실들을 잘 알고 있는 김창복이었지만, 은박지에 그림을 그리는 이중섭의 독창적인 기법을 보고 다시 한 번 놀라지 않을 수 없었던 것이다.

그날, 김창복은 이중섭의 자취방에서 잤다. 밤늦도록 술을 마시며 많은 이야기를 나누다 곯아떨어졌는데, 아침에 일어나 보니 이중섭이 옆자리에 없었다.

'형은 어디 간 걸까?'

김창복은 비틀거리며 일어나 아파트 밖으로 나왔다. 한창 겨울이었는데, 이노카시라 공원 호수에서 이중섭이 얼음을 깨고 냉수마찰을 하고 있었다.

그것을 본 김창복은 깜짝 놀라 소리쳤다.

"형! 감기 들면 어쩌려고 그래?"

"흐흐, 괜찮아. 이렇게 매일 아침 냉수마찰을 하는데, 정신이 맑아지는 게 아주 좋아."

이중섭은 자신의 소 그림처럼 뼈가 다 드러날 정도로 바짝 마른 몸으로 근육 자랑을 했다.

김창복은 처음에는 그 모습이 우스워 배꼽을 잡았지만, 곧 그
것이 바로 이중섭의 정신 집중 훈련임을 알아챘다. 그리고 그 비
쩍 마른 몸에서 가슴 저리게 만드는 영혼의 슬픔 같은 감동을 느
꼈다.

"창복아, 너 춥겠구나. 이 털외투 네가 입어라."

자취방으로 돌아온 이중섭은 자신이 입던 고급 옷을 김창복에
게 주었다.

이중섭은 조선에서 형과 어머니가 보내온 고급 옷들을 자기 마
음에 들 때까지 고쳐서 입곤 했는데, 그의 옷차림은 언제나 교내
에서 화제가 되었다. 조선에서 보내온 비싼 옷들도 이중섭의 눈에
는 자신의 조형적인 감각을 드러낼 질료로만 보였던 탓에, 남에게
쥐 버리고도 조금도 아깝게 생각하지 않았다.

이중섭을 자주 찾아온 사람 중에 이종형제인 이광석이 있었다.
보통학교 시절부터 함께 학교를 다닌 그들이 일본으로 유학을 와
서 다시 만나게 된 것이다. 이광석은 와세다대학 법과 학생이었는
데, 둘이 만나면 자주 시내에 나가 차를 마시곤 했다.

"이게 뭔지 알아?"

이중섭은 호주머니에서 담배 은박지를 꺼냈다.

"은박지가 아닌가?"

"내가 요즘 이 은박지 종이에 미쳐 있지."

이중섭은 다시 호주머니에서 주머니칼을 꺼내더니, 은박지에 선을 긋기 시작하였다. 선을 긋고 손바닥으로 문지르고 하면서 열심히 무엇인가를 그리더니, 이광석에게 보여 주었다.

"뭘 그린 거지?"

이광석이 물었다.

"이 깊은 골짜기는 원산이고, 여기 서 계신 분은 어머니지."

이중섭은 입을 벌리고 아주 자랑스러운 표정으로 웃었다.

"어, 대단하군. 마치 이모님이 은박지 안에 살아 계시는 것 같아. 중섭아, 어머니가 무척 그리운 모양이구나?"

이광석은 금세 이중섭의 속마음을 알아차렸다. 이중섭은 말없이 고개만 주억거렸다.

"이거 형이 가져."

이광석이 보고 있던 은박지 그림을 돌려주려고 하자, 이중섭은 손으로 그걸 밀어내면서 말했다.

"정말 가져도 돼? 어머니 그림인데."

"나는 또 그리면 되니까. 진짜 어머니는 여기, 이 안에 살아 계시거든."

이중섭은 손가락으로 자신의 가슴을 가리켰다.

그즈음에 도쿄로 유학을 와서 쇼와약전에 다니고 있던 이종 누이인 이효석도 이중섭을 가끔 찾아왔다. 이처럼 이종형제와 이종누이가 자주 찾아와 주었기 때문에, 이중섭은 부지불식간에 찾아오는 고향과 어머니에 대한 그리움을 이겨 낼 수 있었다. 그 뒤부터 이중섭은 향수병에 걸리면 자주 이종사촌들을 찾아가 어울리곤 하였다.

이중석이 도쿄에 온 적이 한 번 있었다. 형은 동생이 하숙하는 아파트에 와 보고는 실망하는 기색이 역력했다. 자기가 보내 준 돈이면 넉넉하게 유학 생활을 할 것으로 알았는데, 아파트 방은 너무 낡고 지저분하였다. 더구나 친구와 함께 하숙방을 쓰고 있는 것을 알고 이중섭에게 물었다.

"여기 함께 방을 쓰는 학생은 누구냐?"

"홍준명이라고, 제 친굽니다."

이중석이 비록 형이긴 하지만 나이 차이가 많아, 이중섭은 아버지를 대하듯 몹시 어려워하였다.

"내가 돈을 넉넉히 부쳐 주는데, 왜 불편하게 친구하고 하숙방을 같이 쓰느냐?"

"친구는 가난해서 학비도 못 대는 형편입니다."

이중석은 잔뜩 의심에 찬 눈으로 이중섭을 쳐다보았다.

"그럼, 네가 그 친구의 학비까지 대고 있느냐?"

이중섭은 원래 거짓말을 못 하는 성품이었다. 그래서 사실대로

〈비둘기를 안고 있는 가족〉은박지 그림.

말할 수밖에 없었다.

"헛, 참! 입이 있어도 할 말이 없구나. 이제부턴 너에게 돈을 부쳐 주지 않겠다. 앞으로는 네가 벌어서 생활해."

이중석은 동생을 이렇게 꾸짖고는 화가 나서 곧바로 귀국해 버렸다.

그 뒤에도 형에게서 생활비가 오긴 했지만, 전보다는 적은 액수였다. 겨우 이중섭 혼자 등록금을 내고 하숙 생활을 할 정도였다. 따라서 그는 전만큼 풍족하게 유학 생활을 할 수가 없었다.

하지만 이중섭은 가난을 두려워하지 않았다. 그에게는 그림이라는 무기가 있었다. 그 무렵 그는 거의 친구들과 연락도 끊고 그림 그리기에만 몰두했는데, 간혹 어쩌다 친구들이 찾아와도 '면회 사절'이라는 딱지가 붙은 방문 앞에서 아쉬운 발길을 돌려야 했다.

그러던 어느 날, 이중섭은 분카가쿠인 근처에 사는 일본인 화가 쓰다를 만났다. 그는 자신이 그린 그림들을 가지고 쓰다를 찾아갔다.

뼈만 남은 소의 그림들과 은박지에 그린 소품들을 유심히 들여다보던 쓰다는 대뜸 이중섭에게 이렇게 말했다.

"이 군은 두보를 좋아한다지? 나도 두보와 이백을 읽었네."

쓰다는 이미 다른 학생들을 통해 이중섭에 대해 많은 이야기를 듣고 있었다. 쓰다 역시 동양 철학과 문화에 깊은 관심을 가지고 있었다. 이중섭은 자신의 내면을 들킨 것 같아 몹시 부끄러웠다.

"이 군의 얼굴을 보면 모든 것이 그려져 있어. 자네가 루오라는 별명을 가지고 있다는 것도 알고 있다네. 이 그림들은 대단히 놀라운 작품이네. 아주 작은 소품들이지만 큰 벽화에 견줄 만한 대작들일세."

쓰다는 작은 것과 큰 것이 그림의 크기로 평가되는 것이 아니라, 그 내용에서 비교될 수 있다는 걸 잘 알고 있는 화가였다.

이중섭은 작은 크기의 그림들을 많이 그렸다. 그것은 어쩌면 그의 오만과 자신만만함에서 비롯됐는지도 모른다. 무조건 캔버스가 크다고 대작이 될 수는 없었다. 그는 20대에 벌써 작은 것 안에서 큰 것을 발견하는 동양적 사고와 우주적 원리를 터득했던 것이다.

그날, 쓰다는 아껴 두었던 고급 양주를 이중섭에게 대접했다.

"위대한 화가의 탄생을 축하하는 술이네. 자네 그림에 대해 축배를 드세."

이 같은 쓰다의 찬사에 이중섭은 아무 표정도 나타내지 않았다. 내심 기쁘긴 했지만, 그동안 그림을 그리느라 눈을 제대로 붙이지 못하다가 갑자기 술기운이 돌자 졸음이 한꺼번에 쏟아졌다. 쓰다의 집을 나와 자취방으로 돌아온 이중섭은 오랜만에 깊은 잠 속으로 빠져들 수 있었다. 정말 달고도 평화로운 잠이었다.

이처럼 그림밖에 모르던 이중섭에게 어느 날 사랑스러운 여성이 나타났다. 실기 수업을 끝내고 붓을 씻으러 갔을 때였다. 한 여학생이 먼저 와 있었다. 마침 두 사람뿐이어서 자연스럽게 말이 오가게 되었다.

"나는 한 가지 붓을 오래 사용해요. 이렇게 몽당붓이 될 때까지 말입니다."

여학생이 자신의 몽당붓을 자꾸만 쳐다보자, 이중섭은 그것이 부끄러워 먼저 변명을 하게 된 것이었다.

"제가 그림 하나 사고 싶은데요."

여학생은 매우 수줍어하는 얼굴로 이중섭을 쳐다보았다.

"나를 알아요?"

"네, 쓰다 선생님께서 굉장히 칭찬을 하시던데요?"

그 여학생은 이중섭과 같은 과 2년 후배로, 이름이 야마모토 마사코였다. 그녀는 그 무렵 파리로 유학을 가기 위해 불어를 열심히 배우고 있었다. 그녀는 유화과에 다니고 있었지만, 그림보다는 프랑스 문학에 더 심취되어 있었다.

이중섭도 문학을 좋아했기 때문에, 금방 마사코와 친해졌다.

사실 마사코는 전부터 이중섭을 눈여겨보고 있었다. 그녀는 어느날 학교 뜰에 앉아서 남학생들이 배구 경기를 하는 운동장으로 무심코 시선을 주었다가, 마음에 드는 한 학생을 발견하였다. 키가 훤칠하게 컸고 얼굴이 잘생긴 청년이었는데, 그가 바로 이중섭이었다.

그때까지만 해도 마사코는 이중섭이 조선 사람이라는 사실을 몰랐다. 그 뒤로 이중섭은 마사코의 눈에 자주 띄었는데, 그는 못하는 운동이 없었다. 권투도 잘했고, 철봉, 뜀박질 등은 물론, 노래 실력도 아주 뛰어났다. 이미 그녀는 사랑에 눈이 멀어 이중섭이 무엇을 해도 다 멋있게만 보였을 것이다.

그러던 어느 날, 마사코는 쓰다를 만나서 이중섭이 조선 사람이며 그림에 천재적인 소질을 가지고 있다는 이야기를 들었다. 거기에다 중국의 고전을 많이 읽었으며, 이백이나 두보 등의 시를 좋아한다는 이야기를 듣고 그녀는 가슴이 설레는 걸 어찌할 수가 없었다.

둘이 만나면 말을 많이 하는 쪽은 주로 이중섭이었다. 그는 열심히 마사코에게 문학 이야기를 들려주었다. 보들레르, 발레리, 릴케, 베를렌 같은 세계 유명 시인들의 명시를 암송해서 들려주기도 했다.

"조선에 대한 이야기도 좀 해 주세요."

마사코는 늘 우울한 얼굴을 하고 다니는 이중섭의 심정을 잘 알고 있었다.

"우리나라 이야기를 하려니까, 말이 잘 안 나오네요. 아무튼 서러운 역사를 가진 나라라는 것만 말씀드리겠습니다."

그러면서 이중섭은 그 긴 턱이 무너지도록 길게 한숨을 내리쉬었다.

"그런 나라에서 훌륭한 예술가가 많이 나오는 것 같아요. 아고리상처럼요."

마사코는 손으로 이중섭을 가리키며 말했다. 그녀도 친구들이 즐겨 부르는 아고리라는 이중섭의 별명을 알고 있었던 것이다.

이제 이중섭과 마사코는 분카가쿠인에서 모르는 사람이 없을 정도로 가까운 사이가 되었다. 소문이 나기 시작하자, 그들은 멀리 신주쿠의 다방까지 진출해 밀회를 즐겼다.

이중섭의 옷차림은 아주 특이했다. 코트가 무릎 위에 달랑 걸쳐지도록 아랫부분을 짧게 잘라 내어 입고 다녔다. 그 잘라 낸 천 조각으로는 네모진 큰 주머니를 곁에 달았다. 이렇게 짧은 코트에 마도로스 모자를 쓰고 다니자, 친구들은 그에게 '허자비'라는 별명을 붙여 주었다. 허수아비란 뜻이었다.

이중섭은 아고리라는 별명 말고도 허자비와 노란 수염이라는 별명까지 얻었다. 긴 턱에 노란 수염을 단 허수아비, 이것이 바로 '동방의 루오' 이중섭의 당시 모습이었던 것이다.

어느 날, 이중섭은 바로 그 허수아비 같은 옷차림으로 마사코를 만났다. 그녀는 모처럼 일본 전통 의상인 기모노에 게다까지 신고

〈여인〉 종이에 연필, 41.3×25.8cm, 1942년, 개인 소장.

나왔다. 두 사람은 전혀 어울리지 않는 옷차림이었지만, 그런 것에 신경 쓰지 않고 신주쿠의 번화한 거리를 누비고 다녔다.

그런데 마사코가 길을 가다 발을 다쳤다. 기모노 자락을 밟는 바람에 그만 넘어진 것이었다. 이중섭은 마사코를 차에 태워 급히 자신의 자취방으로 데리고 갔다. 그리고 정성스레 그녀의 다친 발을 치료해 주었다.

"이것은 조선의 소입니다. 나는 소에 미친 사람이오. 소만 그리고 있으면 행복합니다. 마사코가 옆에 있어 줄 때처럼 말입니다."

이중섭은 이렇게 소 그림에 빗대어 마사코에게 사랑을 고백하였다. 두 사람은 더욱 가까운 사이가 되었다.

1940년 3월, 이중섭은 분카가쿠인을 졸업했다. 같은 해 가을, 이중섭은 경성에서 개최된 제4회 자유미술가협회전에 〈서 있는 소〉, 〈망월〉, 〈소의 머리〉, 〈산의 풍경〉 등을 출품하였다. 약칭하여 자유전이라고 불리기도 한 이 전시회를 통해 이중섭은 격찬을 받았다.

같은 전시회에 출품했던 김환기는 《문장》이라는 잡지에 다음과 같은 글을 실었다.

"작품 거의 전부가 소를 소재로 했는데 침착한 색의 계조, 정확한 데포름, 솔직한 이마쥬, 소박한 환희—좋은 소양을 가진 작가이다."

또한 화가이며 문필가이기도 한 이마이 한자부로는 이중섭과 문학수를 예로 들면서, 무작정 서양의 유파를 추종하는 일본 화가들과 비교하여 한국 화가들의 민족의식이 강조된 독창성을 높이 평가하기도 하였다.

"짧은 지식과 이해에 비추어 보더라도 문학수나 이중섭의 작업이 민족의 특성을 훌륭히 발휘하고 있다고 생각한다. 그래서 서구 근대 미술 양식에 의해 자라나고 겨우 여기까지의 미로에 도착한 일본 작가들에게는 역으로 문학수나 이중섭의 작업 성격이 큰 반성의 쐐기가 되지 않을까?"

이중섭은 애초부터 분카가쿠인을 졸업한 다음에 프랑스 파리로 유학을 가려고 했었다. 마사코 역시 프랑스로 떠날 꿈을 안고 있었다. 그러나 그때는 독일과 이탈리아가 동맹을 맺고 전쟁을 일으키는 바람에 유럽 전역이 전화에 휩싸여 있었다. 게다가 일본도 중국을 침략한 데 이어, 미국과의 전쟁을 비밀리에 준비하고 있던 상황이었기 때문에 이중섭으로서는 유학을 엄두도 못 낼 형편이 되어 있었다.

그리고 이중섭은 마사코와의 결혼을 생각하고 있었다.

마사코는 일본 재벌인 미츠이의 자회사인 일본창고주식회사 사장의 네 딸 가운데 셋째였다. 그녀의 집안은 일본에서도 보기 드문 가톨릭 가정이었고, 아버지는 아주 개방적인 사람이었다. 그래서 셋째 딸 마사코가 조선 사람과 사귀고 있다는 말을 듣고도 크게 반대하지 않았다. 결혼도 큰 문제가 되지 않았다.

그런데 정작 걸림돌은 이중섭에게 있었다. 민족의식이 강했던 그는 조국을 강제로 빼앗은 나라의 여성과 결혼한다는 사실을 받아들이기가 쉽지 않았다.

고민 끝에 이중섭은 마침 와세다대학교 법학부를 졸업한 이종사촌인 형 이광석을 찾아가 의논했다. 나이는 같지만 이광석의 생일이 두 달 빨라서 이중섭은 그를 형이라고 불렀다.

"형은 어떻게 생각해? 내가 일본 여자와 결혼을 하겠다는 데 대해서?"

"난 우선은 반대야. 그러나 중섭이 넌 남달리 열정이 강하잖아. 그러니 너는 아마 사랑을 저버릴 수 없을 거야."

이광석의 말에 이중섭은 용기를 얻었다.

분카가쿠인을 졸업하고 나서도 이중섭은 당분간 일본에 머물면서 계속 그림을 그렸다. 자유전에서 협회상을 받고 나서 더욱 그림 그리기에 몰두하였는데, 사실상 이 시기부터 본격적인 화가의 길로 들어섰다고 할 수 있다. 이즈음에 이중섭은 화가 문학수, 시인 오장환, 조각가 조규봉 등과 자주 어울렸다.

어느 날, 이중섭은 화가 이호련과 만나, 점심 식사를 하기 위해 중국 음식점에 들렀다. 중국인이 식권을 내라고 하자, 두 사람은 돈으로 내면 안 되겠느냐고 했다. 그런데 그 음식점은 식권 외에는 받지 않았다.

두 사람이 다른 식당을 찾아가기 위해 중국 음식점에서 막 나가려고 하는데, 누군가가 그들을 불러 세웠다. 뒤를 돌아보니, 한 조선인이 점심 식사를 하다 말고 자신이 여벌로 가지고 있던 식권 두 장을 내밀었다.

시인 양명문과 이중섭은 이렇게 우연히 중국 음식점에서 만나 친해졌다. 뒷날 양명문은 이중섭이 퍽 수줍음을 많이 타는 사람으로 보였다고 첫인상을 토로하면서, 그 눈빛에서 무언가 불타는 광채를 발하고 있어 독특한 매력을 느꼈다고 회고했다.

이중섭은 1943년 제7회 자유전에서 〈망월〉로 태양상을 수상하는 영예를 안았다. 〈망월〉은 화면 왼쪽에 둥근 달이 떠 있고, 중앙에는 얼굴과 한 손을 하늘로 향한 소년의 머리가 있으며, 오른쪽에는 역시 머리가 반쯤 잘린 소가 그려져 있는 그림이었다. 이 그림 속의 소를 조국으로 볼 수 있다면, 소년은 이중섭 자신이자 조선 사람을 상징한다. 그렇다면 누워 있는 소년이 달을 바라보고 있는 것은, 비록 일본에게 짓밟힌 조국이지만, 미래의 희망을 화폭에 담아 보려 했던 것이 아니었을까.

이 상을 타고 나서 이중섭은 귀국을 서둘렀다. 전쟁으로 인하여 점차 일본 전역이 포화에 휩싸이면서, 일본에 유학하고 있던 조선인 학생들은 귀국하기에 바빴다. 더구나 이중섭의 경우 본국에서 형이 더 이상 돈을 부쳐 주지 않아 궁핍한 생활에 진력이 났을 뿐더러, 마사코와의 결혼을 서두르기 위해 어머니와 급히 상의를 해야만 했던 것이다.

"마사코! 내가 귀국하면 반드시 당신을 부를 것이오. 그때 내게로 와 주시오."

이중섭은 도쿄에서 마사코와 작별 인사를 나누었다. 그리고는 다시 관부연락선을 타고 현해탄을 건너 조선으로 건너왔다.

이중섭은 어머니와 형이 사는 원산 광석동의 집 인근에 화실을 마련했다. 어머니 집에서 식사를 해결하고, 거의 대부분의 시간을 송도원 들판이나 화실에서 보냈다. 낮이면 하루 종일 송도원 들판에 나가 소를 관찰하고, 밤이면 화실에 틀어박혀 밤새도록 황소 그림을 그렸다. 원산으로 돌아온 이중섭은 일본에 있을 때 그렇게도 그리워하던 소를 실컷 볼 수 있게 된 것이 무엇보다 기뻤다. 그는 거의 매일 소를 구경하기 위해 들판으로 나갔다.

황소의 눈은 마치 호수 같았다. 맑고 투명했으며, 깊은 슬픔을 담고 있었다. 황소의 눈이 호수라면, 불뚝 튀어나온 어깨와 완만한 등허리의 곡선은 거대한 산맥이었다. 산 능선을 가운데 두고 양 갈래로 뻗어 내린 산줄기와 계곡의 모양이 바로 조선이라는 반도의 백두대간 같았던 것이다.

64

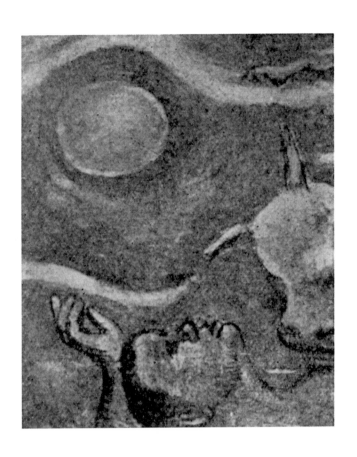

〈망월〉 재료 및 크기 모름, 1943년, 원작 망실.

"그래, 소는 바로 우리나라의 몸이야. 소의 눈은 우리나라의 정신이고. 나는 반드시 소 그림을 통해 그 정신을 표현해 내고 말 거야."

이중섭은 그러면서 크게 웃었다. 마치 황소가 재채기라도 하듯 그렇게 웃어 젖혔다. 풀밭에 엎드려 되새김질을 하는 황소처럼, 그는 생각에 생각을 거듭하며 자신의 예술 세계를 키워 나갔다.

이처럼 이중섭은 소에 미쳐 있었다. 그도 그럴 것이, 일본 도쿄 유학 시절에 그는 소에 대한 향수병에 걸려서 살다시피 했다. 그래서 그는 소를 그릴 때도 상상에 상상을 거듭하다 보니 뼈만 남은 소를 그리기까지 했던 것이다.

그런데 일본 도쿄에서 그리워하며 상상 속에 떠올렸던 뼈대만 남은 소와, 귀국해서 송도원 들판에서 다시 만난 소 사이에는 상당한 거리감이 있었다. 송도원의 소는 뼈보다는 근육질을 자랑하고 있었다. 이제 이중섭은 상상 속에서 키워 온 자신의 정신적인 소에게도 살을 찌워야 한다고 생각했다.

송도원 들판의 소에 비하면 이중섭의 마음속에 있던 소는 송아지에 불과했다. 그래서 소처럼 들판을 헤맸고, 황소가 먼산바라기를 하며 울듯 미친 사람처럼 고함을 질렀다. 호수 같은 눈으로 황소가 눈물을 흘릴 때, 그도 따라서 울었다.

아직 나이가 어렸던 조카 이영진이 이중섭의 화실을 드나들었

〈소와 어린이〉 종이에 잉크, 9×15cm, 1942년.

을 뿐, 다른 사람은 얼씬도 하지 않았다. 그는 조카에게 목탄이나 물감 등 그림에 필요한 물품들을 조달하는 일을 맡겼다. 당시에 형인 이중석이 문구백화점을 운영하고 있었기 때문에, 대부분의 미술 도구들을 거기서 가져다 썼다.

간혹 그는 조카에게 중국 빵을 사 오게 하곤 했다. 조카는 중국 빵 먹는 재미 때문에 삼촌의 심부름을 발 벗고 나서서 해 주었다. 그런데 사실 이중섭은 조카가 사 가지고 온 중국 빵을 간식으로 먹으려는 게 아니라, 그림 그리는 데 쓰려는 것이었다.

"영진아, 이렇게 하니까 참 멋있지?"

이중섭은 목탄으로 그림을 그리고 나서, 빵 조각을 뜯어 화면을 문지르며 말했다. 중국 빵이 지우개 역할을 했던 것이다.

"왜 검댕이 칠을 해서 이 아까운 빵을 못 먹게 만들어요?"

조카는 도무지 이해가 가지 않았다.

"영진아, 이 세상은 빵만으로는 살 수가 없어. 이 삼촌은 빵보다 예술을 먹고 산단다. 빵은 잠시 동안만 배고픔을 잊게 해 주지만, 예술은 우리의 영혼을 살찌워서 영원히 살게 해 준단다. 이런 중국 빵으로 우리 인간의 영혼을 살찌울 수 있는 예술 작품을 만들 수 있다면, 이거야말로 기적이 아니고 무엇이겠니?"

이중섭은 까만 눈을 깜박이는 조카를 내려다보며 말했다.

"그럼 삼촌은 하느님이네? 기적을 낳는 사람이니까."

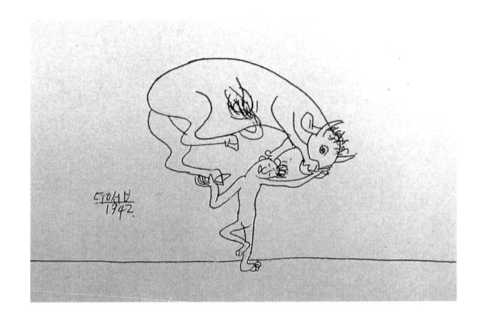

〈소를 든 사람〉 종이에 잉크, 9×15cm, 1942년.

"그래, 그래! 네 말이 맞다."

조카 이영진의 말에 이중섭은 바보처럼 헤벌쭉 웃었다.

조카가 떠나고 나면 화실은 갑자기 공허해지기 마련이었다. 이중섭 혼자서 30평의 넓은 공간을 이겨 낸다는 건 괴로운 일이었다. 그래서 그림이 잘 안되면 마사코에게 엽서를 썼다. 그림을 그려 넣은 엽서였다. 소도 그리고, 물고기도 그리고, 바다도 그렸다.

이중섭은 마사코가 그리울 때마다 원산항으로 달려가곤 했다. 항구에서 바다를 바라보면 꽉 막혔던 가슴이 시원하게 뚫렸다. 바다는 이중섭과 마사코를 이어 주는 하나의 길이었다. 바다를 건너가거나 건너와야만 그들은 만날 수 있었다. 그러니 바다야말로 그들이 만날 수 있는 유일한 길이었으며, 바닷물은 그들의 마음을 하나로 묶어 주는 그 무엇이었다.

이중섭은 마사코에게 보내는 엽서에다 빨리 와 줄 것을 간곡히 부탁했다. 그러나 그녀로서는 올 수 있는 형편이 아니었다. 부모가 그녀를 놓아주지 않았던 것이다.

이중섭은 괴로웠다. 자신이 일본으로 달려가고 싶었지만, 전쟁이 하루 뒤를 예측할 수 없을 정도로 급박한 상황이어서 함부로 움직일 수가 없었다.

마음이 흔들릴 때마다 그는 마사코를 차라리 잊는 게 낫지 않을까 생각했다. 일부러 다른 여성에게 관심을 가지려고 노력한 적

〈소와 남자〉 종이에 잉크, 15×9cm, 1942년.

도 있었다. 그는 당시 유명한 무용가였던 최승희의 제자와 가깝게 지내기도 했지만, 그의 마음을 사로잡을 만큼 열정이 있는 여자는 아니었다. 그녀는 다야마 하루코라는 일본 여성이었는데, 화실로 이중섭을 자주 찾아오곤 했다. 미인이었으나, 이중섭은 그녀를 볼 때마다 일본에 두고 온 마사코의 생각만 더욱 간절하게 났다. 하루코의 일방적인 사랑일 뿐, 그녀는 끝내 이중섭의 마음을 움직이지 못했다.

이중섭은 피아니스트인 서덕실이라는 한국 여성과도 사귀었고, 당시 평양에 있던 김병기의 소개로 만난 김순환이라는 여성과도 가깝게 지냈다. 김병기는 소설가 김동인의 형인 김동원의 맏사위였는데, 자신의 처제를 이중섭에게 소개했던 것이다. 그러나 그런 여성들과의 만남도 마사코에 대한 그리움을 더욱 키워 주는 역할만 했으므로 그때마다 그는 일본으로 사랑의 편지를 띄웠다.

1945년 4월, 전쟁이 막바지로 치닫고 있을 무렵이었다. 이중섭은 마사코를 그리워하는 마음 때문에 일본에서 날아오는 소식을 시시각각으로 듣고 있었다. 그러던 가운데, 시모노세키에 정박해 있던 한국의 정기 연락선 '금강환'이 미군 잠수함의 어뢰를 맞아 침몰했다는 소식이 들려왔다. 이중섭에겐 그 소식이 마치 이젠 영영 마사코를 볼 수 없다는 선고처럼 느껴졌다.

시시각각으로 이중섭이 절망에 빠져들던 참이었다. 그런데 마사

위_〈야수를 탄 여자〉 종이에 먹지로 베껴 그리고 수채, 9×14cm, 1941년.
아래_〈반우반어〉 종이에 먹지로 베껴 그리고 수채, 9×14cm, 1940년.

코가 부모 곁을 떠나, 죽음을 무릅쓰고 바다를 건너 그에게로 달려왔다. 막상 그렇게 갑자기 나타난 그녀를 보고 이중섭은 깜짝 놀라지 않을 수 없었다.

마사코는 정기연락선이 끊기자 곧바로 하카다에서 임시연락선을 탔다고 했다. 나중에 알고 보니, 그 연락선이 일본과 한국을 잇는 마지막 배였다. 그녀는 곧 부산에 내렸고, 나흘이나 걸려 경성에 도착했다. 일단 조선호텔로 갔으나 빈 방이 없어, 그 근처 여관에 짐을 풀었다. 그리고 다시 조선호텔로 가서, 원산에 있는 이중섭에게 장거리 전화를 걸어 만나게 된 것이었다.

그러나 급히 경성으로 달려와 마사코를 만난 이중섭은 어눌하기 그지없는 말투로 이렇게 물었을 뿐이다.

"참으로 용케도 왔네요. 연락선이 끊어졌다던데."

"하카다에서 겨우 임시연락선을 탈 수 있었어요."

마사코는 수줍음 타는 목소리로 대답했다.

두 사람은 서로 무척이나 그리워했지만, 막상 만나고 나서는 그런 그리움을 행동으로 표현해 보여 줄 수가 없었다. 그만큼 두 사람 다 순진했고, 그런 마음을 갖고 있었기 때문에 순수한 사랑을 나눌 수 있었다.

마사코와 함께 원산 집으로 돌아온 이중섭은 어머니에게 결혼을 허락해 줄 것을 간청했다. 어머니의 결혼 승낙은 어렵지 않게

1945년 5월, 야마모토 마사코는 혼례를 치르기 전에
이름을 이남덕으로 바꾸었다.

떨어졌으나, 그는 이중석의 허락을 받아 낼 일이 걱정되었다. 그는 아버지나 다름없는 형에게 용기를 내어 말했다.

"마사코는 일본 여자지만 한국 여자나 다름없습니다. 참한 여자입니다. 부디 결혼을 허락해 주십시오."

이중섭의 말에 이중석은 의외로 선뜻 경쾌한 웃음까지 보이며 다음과 같이 대답했다.

"네가 사랑하는 여자니까 완벽한 한국 여자로 만들 자신이 있겠지? 내 지금까지 네가 하는 일을 못마땅하게 여겨 왔다만, 네가 만약 저 여자를 한국 여자로 만들 수만 있다면 나는 찬성한다. 어찌 유쾌한 일이 아니겠느냐?"

마사코가 한국에 온 지 한 달 만인 1945년 5월에 이중섭은 사모관대를 썼다. 그는 결혼식을 올리기 전에 아내의 이름을 한국식으로 고쳐 이남덕이라 지었다. 따뜻한 남쪽 나라의 덕이 많은 여자라는 뜻이었다.

신부 이남덕은 한국식으로 머리에 족두리를 쓰고 양 볼에 연지곤지를 찍었다. 영락없는 한국 여자였다. 신부와 신랑은 서로에게 큰절을 했고, 시인 양명문이 결혼 축시를 낭송했다. 화가, 음악가, 문인 친구들도 많이 와서 두 사람의 결혼을 축하해 주었다.

당시 이중석은 전축 같은 고급 음향 기기까지 판매할 정도로 큰 '백두상점'이라는 문구백화점을 운영했다. 이중석은 동생의 결혼

식에 하객으로 온 예술인들을 극진하게 대접해 주었다. 그들은 거의 일주일 동안 날마다 술을 마시고 놀았다. 친구들이 묵고 있는 행랑채에는 싱싱한 생선이 푸짐하게 올라왔고, 예술가들의 낭만과 퇴폐가 섞인 대화들은 술자리를 더욱 풍성하게 해 주었다.

결혼 후 이남덕은 시어머니인 이중섭의 어머니를 극진히 모셨다. 그리고 시아주버니가 되는 이중석에게도 시아버지 내하듯 조심스럽게 행동했다. 그러면서 차츰 한국의 풍습을 익혀 나갔다.

얼마 안 가서 어머니는 이중섭 부부에게 따로 살림을 내주었다. 새로 마련한 살림집은 같은 광석동의 산마루에 위치해 있었다. 방이 셋이나 있었고, 마당이 넓어서 한쪽 귀퉁이에 닭장을 지었다. 생계를 위한 양계가 아니라, 단지 그림의 소재로 관찰하기 위해 닭을 키웠다.

이중섭의 눈은 남다른 데가 있었다. 그는 닭을 통해 인간의 삶을 알 수 있었다. 누구나 자기 자신에 대해서는 잘 모를 수가 있다. 그러나 다른 사람이나 사물에 자신을 투영하면 제대로 된 자기의 모습을 볼 수 있었다. 이중섭에게 닭은 말하자면 인간적인 삶이 투영된 거울과도 같은 것이었다. 닭을 보며 떠올린 생각들은 이중섭 그림의 소재와 주제가 되었다.

닭을 가까이하다 보니 닭의 깃털에 기생하던 이가 옮아 고생한 적도 있었다. 그만큼이나 그는 어떤 소재에 관심을 가지면 끝까지

끈질기게 물고 늘어지는 성격이었다.

신혼살림에 한창 재미가 들 무렵인 1945년 8월 15일, 드디어 해방이 되었다. 이남덕은 도쿄에 있는 부모를 생각하며 눈물을 흘렸다. 이중섭은 그런 아내를 진심으로 위로해 주었다.

해방이 되자, 이중섭은 기지개를 켜고 일어난 수탉처럼 활기를 찾았다. 그는 서울에서 열리는 해방기념미술전람회에 참가하기 위해 준비를 했다. 그러나 원산에 있었기 때문에 서울과 제대로 연락이 안 돼 시일을 놓쳤다.

작품을 출품하지는 못했지만, 이중섭은 오랜만에 서울에 모인 화가 친구들과 어울려 술을 마시는 것만으로도 즐거웠다. 마침 술 마시는 자리에서 화가 최재덕이 미도파백화점 지하실의 벽화를 함께 그리자고 제의해 왔다.

"좋지. 암, 좋고말고."

이중섭은 쾌히 승낙했다.

두 사람 모두 조선신미술가협회에서 활동하고 있었다. 조선신미술가협회는 1941년 일본에서 조선 유학생들이 중심이 되어 결성된 단체인데, 그중 대표적인 화가로는 이쾌대, 최재덕, 문학수, 이중섭 등이었다. 이쾌대의 집을 연락처로 사용한 것을 보면, 그가 주도적으로 이 협회를 이끌어 갔음을 미루어 짐작할 수 있다. 당시 조선신미술가협회에서 활동하던 화가들은 이쾌대와 그의 형인 이

〈닭과 가족〉 종이에 유채, 36.5×26.5cm, 서울 원화랑 소장.

여성의 영향을 많이 받았다.

아무튼 이중섭은 최재덕의 주선으로 미도파백화점 지하실의 벽화 밑그림을 그렸는데, 복숭아나무에 아이들이 매달려 있는 그림이었다. 여러 아이들의 천진난만한 얼굴이 그려진 이른바 '군동화'였다.

1946년은 이중섭의 인생에 있어서 가장 슬픈 해였다. 삼팔선이 그어진 뒤로 북한에서는 공산주의 체제가 자리를 잡기 시작했다. 대지주였던 그의 형 이중석은 원산 내무서에 갇혀 있었는데, 그 뒤 어떻게 되었는지 소식이 끊겼다. 끝내 실종으로 처리되기는 했지만, 아마도 죽임을 당했을 가능성이 크다. 형의 이 같은 실종은 가족들에게 커다란 충격이었다.

그 충격이 채 가시기도 전에 이중섭의 아내 이남덕이 첫아들을 낳았다. 그러나 그 아이는 열 달을 다 채우지 못하고 낳은 팔삭둥이였다. 아이의 불운은 거기에서 그치지 않았다. 얼마 안 있어 디프테리아에 걸리고 만 것이었다.

첫아들을 낳은 기쁨은 잠시였다. 이중섭 부부는 곧 비탄에 빠지지 않을 수 없었다. 아이는 이 세상에 나온 지 얼마 안 돼 죽고 말았다.

그날 마침 이중섭은 서울에 가고 없었다. 아내 이남덕은 혼자서 죽은 아들을 안고 울었다. 울다가 지친 그녀는 오래도록 아들의 얼굴을 간직하고 싶은 충동이 일어났다. 그녀는 남편이 쓰던 화구들을 꺼내 놓고 아들의 그림을 그리기 시작했다.

서울에 갔던 이중섭이 돌아오자, 이남덕은 자기가 그린 죽은 아들의 그림을 보여 주었다. 그는 아들의 죽음에 큰 충격을 받았다. 그러면서도 한편으로는 아내의 그림에 감탄을 했다. 지금까지 그가 보아 온 아내의 그림 중 가장 훌륭한 작품이었던 것이다.

이중섭은 아들의 죽음으로 슬픔이 북받쳐 올랐지만, 애써 아내 앞에서 슬픈 표정을 감추었다.

이중섭의 아들이 죽었다는 소문을 듣고 일본 도쿄 유학 시절부터 친구로 지내 온 시인 구상이 달려왔다. 구상도 해방이 되는 바람에 귀국하여 원산 인근인 덕원에 머물고 있었던 것이다.

"나가서 술이나 마시세."

이중섭은 구상의 손을 잡아끌었다.

그날 술좌석에서 이중섭은 아무나 붙들고 농담을 하고, 주정을 부리기도 하였다. 구상은 같이 술을 마시면서도 어떤 위로의 말로 친구의 슬픔을 달래 줄지 몰라 그저 잠자코 있을 수밖에 없었다.

"자, 가세나. 우리 집에 가세."

술집을 나선 이중섭이 구상의 팔을 잡아끌었다. 결국 그날 밤 구상은 이중섭의 집에 가서 한방에서 잠을 잤다.

새벽녘에 방 안에 불이 켜져 있어서 잠을 깬 구상은 이중섭이 혼자 일어나 무엇인가를 그리고 있는 걸 발견했다. 그 모습을 본 구상은 흠칫 놀랐다. 이중섭은 마치 실성한 사람처럼 싱글벙글 웃으면서 그림 그리는 데 몰두해 있었던 것이다.

놀라움은 잠시였고, 구상은 드디어 화가 치밀어 올랐다. 아들이 죽었는데 그 아버지가 슬퍼하기는커녕, 술이나 진탕 마시고 또 뭐가 좋아 싱글벙글하며 그림을 그리고 있는지 도대체 이유를 알 수 없었던 것이다.

"이봐, 중섭이! 자네 그게 무슨 짓인가? 대체 뭐가 좋아 싱글벙글하며 그림을 그리고 있는가?"

구상이 잔뜩 화가 난 목소리로 따지고 들자, 이중섭은 바보처럼 웃으며 다음과 같이 대답했다.

"그림을 그리고 있네. 우리 아들이 하늘나라에 가면 얼마나 심심하겠나? 그래서 동무하고 놀라고 꼬마들을 그리고 있는 것이지."

구상은 문득 이중섭이 그리고 있는 그림에 눈길을 주었다. 그림은 여러 장이었다. 그는 그 가운데 한 그림을 손가락으로 가리키며 물었다.

"그럼, 이건 뭔가?"

"응, 그거? 천도복숭아야. 우리 아들이 하늘나라에 가서 따 먹으라고 그린 거지, 헤헤."

〈두 어린이와 복숭아〉 종이에 유채, 9.5×12cm, 호암미술관 소장.

구상은 이중섭의 말을 듣고 감동하지 않을 수 없었다. 그러나 아무리 성질이 독해도 아들이 죽었는데 눈물 한 방울 보이지 않는 친구에게 그는 결코 고운 눈길을 보낼 수가 없었다.

마침내 이중섭은 아들의 시체를 송판으로 짠 관에 넣어 광석동 뒷산으로 지고 올라갔다. 구상도 장례 치르는 걸 도와주기 위해 함께 갔다.

이중섭은 흙구덩이를 파고 아들 시체를 묻을 때 집에서 가지고 온 작은 불상과 동자상이 그려진 도자기들과, 자신이 새벽에 일어나 그린 그림들을 함께 넣어 주었다.

"잘 자거라, 우리 아가야!"

이중섭은 흙구덩이를 메우며 마지막으로 이렇게 말했다. 그는 눈물 한 방울 보이지 않았다.

아들을 땅속에 묻고 집으로 돌아온 이중섭은 그제야 아내가 그린 아들 그림을 부둥켜안은 채 엉엉 소리 내어 울었다. 참고 참았던 울음이 뒤늦게 북받쳐 오른 것이었다. 그걸 본 구상도 울었고, 울다 지쳐 눈물조차 말라 버린 이남덕도 다시 울었다.

한참을 소리 내어 울고 난 이중섭은 문득 서럽게 울고 있는 아내를 쳐다보았다.

"헤헤, 그만 울어요."

이중섭의 얼굴엔 금세 장난기가 어렸다. 그는 살금살금 다가가 울고 있는 아내의 옆구리를 마구 간질였다. 그러면서 깔깔대고, 특유의 노란 수염을 흔들며 마음껏 웃어 젖혔다. 우는 아내를 달래 보려고 그는 짐짓 그런 이상한 행동을 보인 것이었다.

잠시 동안이긴 하지만, 당시 이중섭은 고아원에서 아이들을 가르치며 보살펴 주는 일을 하고 있었다. 그러면서 그는 아이들을 소재로 그림을 그렸다.

1946년 평양에서 있었던 해방기념미술전에 출품된 〈하얀 별을 안고 하늘을 나는 어린이〉는 이중섭이 죽은 아들을 생각하며 그린 그림들 가운데 하나였다. 소련의 화가와 미술평론가 몇 명이 전시회에 와서 이중섭의 그림을 보며 감탄사를 연발하였다.

"이 그림은 세잔, 브라크, 마티스, 피카소의 그림들과 맞먹는 수준의 걸작이오."

"이 그림을 말로 비평할 수가 없소. 이 색감과 구도, 이 기교를 따라갈 화가란 없을 것 같소. 아주 독창적이로군요."

원산의 예술가들이 그 말을 듣고 이중섭에게 달려가 전하였다.

"내 그림이 러시아 말을 일아들었을까?"

이중섭은 이렇게 말하며 그저 쓸쓸하게 웃었을 뿐이었다.

얼마 지나지 않아, 북한의 공산주의자들은 보다 사상에 투철한 그림을 그리라고 요구했다. 그들은 이중섭의 그림 속에 짙은 농민적 정서가 담겨 있다고 자기들 나름대로 해석했다. 굵은 선과 속도

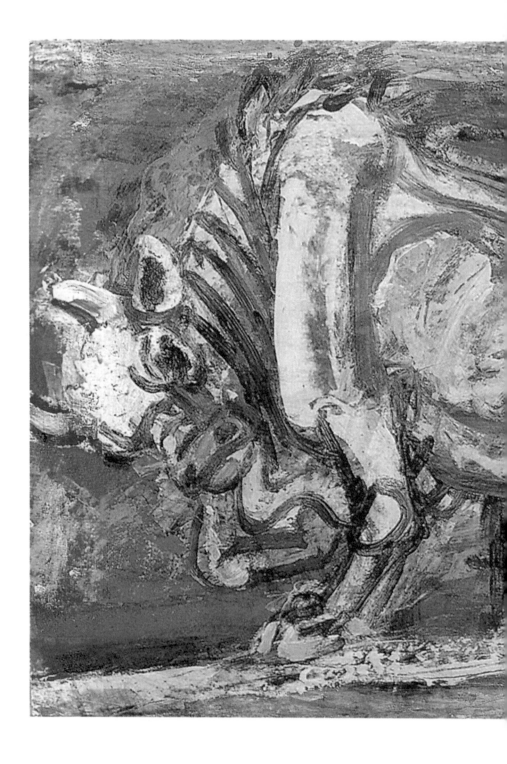

〈떠받으려는 소〉 종이에 유채, 34.4x53.5cm, 1953년으로 추정, 호암미술관 소장.

감 있는 힘찬 필치야말로 자기들이 원하는 주제화를 그리기에 적당해 보였다.

그러나 이중섭은 형 이중석이 실종된 사건을 겪은 이후로는 그들과 일을 함께 하는 것이 탐탁지 않았다.

이중섭은 원산 문학가동맹에서 펴낸 해방 기념 시집 《응향》의 표지화를 그리게 되었다. 그 시집에는 친구인 구상의 시도 실렸다. 그런데 그 시가 그들이 마음에 들지 않았던 모양이었다. 구상은 위기감을 느꼈다.

"중섭이, 난 남쪽으로 가려네. 우리 같이 가세."

구상이 이렇게 말했지만, 이중섭은 선뜻 따라나서지 못했다. 형이 없었기 때문에 이중섭은 집안의 가장 노릇을 해야만 했다. 어머니와 아내, 형수, 그리고 조카들을 두고 혼자 떠날 수는 없는 일이었다.

"나는 가족들 때문에 여기에 남을 수밖에 없네."

결국 이중섭은 원산에 남았다. 그러나 이중섭의 그림은 사사건건 트집을 잡혔다. 어느 날인가는 소의 등에 올라탄 두 소년의 그림을 보고 한 공산당원이 그에게 물었다.

"이게 대체 무슨 그림이오? 어디 한번 설명을 해 보시오."

"그림은 설명을 할 수 있는 게 아니오. 감상하는 사람의 느낌에 따라 다를 수 있기 때문이오."

〈물고기와 노는 두 어린이〉 종이에 유채, 41.8×30.5cm

이중섭은 어처구니없는 질문에 화가 났다.

"인민이 알도록 그려야지. 그린 사람도 설명을 못하는 걸 어찌 예술이라 할 수 있겠소."

이중섭은 억지스러운 말을 하는 그들에게 질려 버렸다.

그러는 사이에 아내는 아들 둘을 더 낳았다. 첫아들은 죽었지만, 그 이듬해인 1947년에 둘째 아들 태현이가, 그리고 두 해가 지난 1949년에 셋째 아들 태성이가 태어났다.

사람들은 이중섭이 일본 여자와 함께 산다고 해서 친일파라고 비난을 하기도 했다. 그때마다 그는 술에 잔뜩 취해 돌아와 "남덕아! 남덕아!" 하고 아내 이름을 부르면서 울곤 했다.

그래도 이중섭 부부에게는 금쪽같은 두 아들이 삶의 희망이었다.

어떤 때는 네 식구가 어른이고 아이고 할 것 없이 발가숭이가 되어 이불 위에서 뒹굴며 지내기도 했다. 이중섭은 두 아들을 웃기려고 발가벗은 채로 소 흉내를 내며 엉금엉금 방바닥을 기어다녔다. 그 모습을 보고 아이들은 깔깔대며 마구 웃어 대곤 했다.

아내 이남덕과 아들 태성, 태현의 모습.

부산 피난민 수용소와 서귀포

1950년 6월 25일 한국전쟁이 일어났다. 북한에 살고 있는 많은 사람들이 그랬듯이, 이중섭은 남한이 북침을 한 것으로 알았다.

전쟁 초기에만 해도 원산은 조용했다. 그러나 가을이 되면서 포성이 점점 북쪽으로 올라왔다. 그와 동시에 유엔군이 참전했다는 소문이 들렸다. 그 소문은 틀리지 않았다. 곧 원산 상공에 미군 전투기 편대가 날아와 기총 소사를 퍼부었다. 식민지 시대 때부터 원산에는 군사 기지가 많았고, 그래서 더욱 집중적으로 폭탄이 떨어졌다.

이중섭의 집도 비행기의 폭격으로 부서져 버렸다. 그는 일단 아내와 두 아들을 데리고 어머니, 형수, 조카들과 함께 안전한 곳으로 대피했다.

그리고 이중섭은 간단한 화구를 챙겨 들고 석왕사 뒤의 학이리 산중에 있는 폐광으로 몸을 숨겼다. 전에 금을 캤다는 폐광 속에서 그는 친구 화가들과 함께 숨어 있었다.

하늘에선 비행기의 폭격이 있었고, 땅에선 육군 포대의 포격이, 그리고 바다에선 함포 사격이 작열했다. 원산 일대는 금세 쑥대밭이 되어 버렸다. 이처럼 집중포화가 쏟아졌기 때문에 후일 군인들의 기합의 일종인 일명 '원산폭격'이라는 말도 생겨난 것이었다.

이중섭은 포성이 들려오는 가운데 폐광의 어둠 속에서 그림을 그렸다. 함부로 밖에 나갈 수 없는 상황에서 그림 그리는 것 말고는 따로 다른 일을 할 수도 없는 실정이었다.

캄캄한 폐광 속에서 희미한 등잔불을 켜고 그림을 그리던 이중섭은 문득 스페인 출신의 화가 피카소를 떠올렸다. 1937년 스페인 내전 당시, 독재자인 프랑코 장군을 지원하기 위해 날아가던 독일 전투기들이 '게르니카'라는 작은 도시에 폭격을 퍼부었다. 그야말로 융단 폭격이었다. 겨우 인구 1만 명 남짓한 도시가 불바다로 변하여, 폭격으로 인한 사상자가 1천여 명이나 생겼다. 프랑스에 머물고 있던 피카소는 이 같은 조국의 비극적인 사건을 전해 듣고 참담한 심정이 되었다. 피카소는 그날부터 화실에 틀어박혀 미친

듯이 그림을 그리기 시작했다. 한 달 만에 완성한 그 그림은 큰 방의 한쪽 벽을 다 차지할 정도로 대작이었다.

이중섭은 피카소의 작품 〈게르니카〉를 직접 본 적은 없지만, 화집을 통해 감상할 기회는 있었다. 아비규환의 생지옥이 그 그림에 연출되어 있었다. 그는 지금 폭격으로 잿더미가 된 원산이야말로 게르니카와 같은 아비규환의 생지옥이 아닌가 생각하였다. 이런 생각이 날 때마다 그는 이를 악물고 그림을 그렸다. 그것은 그림 그리는 행위라기 보다는, 현실의 고통을 벗어나기 위한 마지막 안간힘 같은 것이었다.

연일 계속되던 포격 소리가 멎었다. 너무 조용하다 싶어 폐광 밖으로 나와 본 화가 한 명이 소리쳤다.

"중섭 형, 저길 봐요!"

이중섭은 그림 그리던 붓을 팽개치고 굴 밖으로 튀어나왔다.

"저건 국군이다! 틀림없는 국군이야!"

굴에서 튀어나온 또 한 명의 화가가 소리쳤다.

이중섭도 국군의 행렬을 보았다. 도로에 뿌연 먼지를 날리며 달리는 군용 지프도 보였다.

"내려가자. 더 이상 이 굴속에 숨어 있을 이유가 없어!"

이중섭도 소리쳤다.

"그래, 이 굴속에서 굶어 죽느니, 어서 내려가서 도움이라도 청해 보자."

나머지 화가들도 이중섭의 말에 동의했다.

이중섭 일행은 다시 폐광으로 들어가 화구들을 챙겨 들고 산을 내려왔다. 그들을 보고 군용 지프가 멈추었다.

"당신들은 뭐하는 사람들이오?"

군인들은 이중섭 일행을 의심스러운 눈초리로 바라보았다. 후퇴하다 미처 도망가지 못한 공산당원쯤으로 생각한 것이었다.

"우리들은 화가요. 폭격을 피해 잠시 폐광에 숨어 있다가 나온 겁니다."

이중섭이 말했다.

군인들은 이중섭 일행의 소지품을 일일이 검사했다. 수상한 물건이 나오지 않았는데도, 군인들은 좀처럼 의심을 풀지 않았다.

일단 이중섭 일행은 군인들과 함께 원산 시내로 돌아왔다. 시내에 들어와 다시 심문을 받았다.

마침 그때 군인 중에 이중섭의 얼굴을 알아보는 사람이 있었다. 오산고보를 다닐 때 하숙방을 같이 쓰던 후배 김창복의 친구 조일태였다.

"아니, 중섭 형! 이게 어찌 된 일이오?"

조일태는 유엔군 통역관이었다.

"사정이 그렇게 됐네."

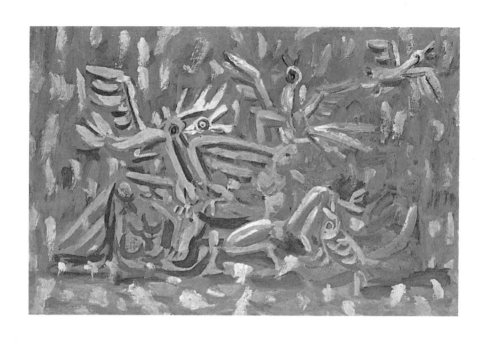

〈피난민과 첫눈〉 종이에 유채, 32.4×49.7cm, 1954년으로 추정, 개인 소장.

이중섭은 그동안의 경위를 조일태에게 털어놓았다.

이렇게 해서 이중섭을 위시한 화가 일행은 공산당원으로 몰려 즉결 총살형을 받기 직전에 구사일생으로 살아났다.

이중섭은 안전한 곳으로 피신시켰던 가족들을 데리고 일단 광석동 집으로 돌아왔다. 집은 폭격 때문에 반쯤 무너졌지만, 대충 수리해서 군대가 작전 본부로 사용하고 있었다.

그런데 불행 중 다행으로 마침 방 하나가 비어 있었다. 이중섭의 가족은 모두 한 방에서 기거했다.

원산에 머물러 있던 국군은 10월로 들어서면서 북진을 계속했다. 그러나 11월이 되자, 중공군이 압록강을 넘어 밀어닥친다는 소문이 돌았다. 12월 혹한과 함께 흥남 일대가 술렁이기 시작했다. 흥남에 머물던 미군이 철수를 한다는 것이었다. 비행기로 무수한 전단지들이 뿌려졌는데, 흥남과 원산 일대에 미군이 원자폭탄을 떨어뜨릴 거라는 무서운 내용이었다.

이중섭은 피난을 가기 위해 짐을 꾸리기 시작했다. 그가 가장 먼저 피난 짐에 챙겨 넣은 것은 이불 보따리가 아니라, 자신이 그린 그림들이었다. 그에게는 그림이 자신의 생명만큼이나 중요한 것이었다.

그런데 어머니가 이중섭에게 말했다.

"나는 여기 있겠다. 너희들이나 떠나거라."

〈노란 달과 가족〉 종이에 연필과 크레용, 18×15.2cm, 1955년, 개인 소장.

"어머니, 안 됩니다. 우리하고 함께 남쪽으로 가야 합니다. 여기 있다가는 폭격으로 모두 죽습니다."

"아니다. 나는 우리 중석이를 두고 원산을 떠날 수 없다."

"형은 죽었어요, 어머니!"

"내 눈으로 직접 보지 못했으니 나는 네 말을 믿을 수 없다. 그리고 나는 이제 얼마 더 살지 못한다. 설사 네 형이 죽었다 하더라도, 나는 네 형이 묻힌 이곳에 묻히고 싶구나."

그러면서 어머니가 주름진 얼굴에서 눈물 자국을 찍어 내는 걸 이중섭은 보았다.

"그래요. 여기 걱정은 말고 떠나세요. 어머니는 내가 모실게요."

형수가 끼어들었다. 이중섭은 몹시 난감했다.

"그래, 나는 영진이 어미와 함께 여기 남아 있겠다. 하지만 너는 남쪽으로 떠나거라. 네 형처럼 되는 꼴을 내 눈으로 보고 싶지 않다. 영진이도 함께 데리고 가거라. 우리 집안의 대는 이어야 할 게 아니냐."

너무 단호한 어머니의 말씀이라 이중섭은 거부할 수가 없었다. 조카 이영진은 당시 원산고등학교 졸업반이었고, 그대로 남아 있다가는 징집 대상이 되어 군대에 끌려갈 판이었다. 그러니 함께 데리고 갈 수밖에 없었지만, 형수와 나머지 조카들은 어머니와 함께 원산에 그대로 머물러 있기로 했다.

"어머니, 이 그림들을 잘 보관해 두세요. 다시 어머니를 모시러 오겠습니다. 그때까지만 기다려 주십시오."

이중섭은 피난 보따리에 주섬주섬 꾸려 넣던 그림들을 다시 어머니 앞에 쏟아 놓았다. 그는 당시에 자신이 소중하게 생각하던 50여 점의 작품을 가지고 있었는데, 언제고 기회만 닿으면 프랑스 파리로 들고 가서 전시회를 열고 싶다고 입버릇처럼 말하곤 했었다.

"아니, 그림은 왜? 네가 가장 아끼던 것이 아니냐?"

"어머니, 이 그림들을 두고 가야 제 마음이 편합니다. 전쟁이 끝나면 제가 반드시 어머니를 모시러 오겠습니다. 그때까지 기다리고 계셔야 합니다. 이 그림들은 제가 반드시 돌아오겠다는 맹세의 표시입니다."

이중섭은 그러더니 갑자기 어머니가 앉아 있던 자리의 장판을 칼로 도려내기 시작하였다.

"애야, 갑자기 장판은 왜 도려내고 그러느냐?"

깜짝 놀란 어머니가 이중섭의 행동을 말리려고 들었다.

"떨어져 있는 동안 어머니의 체취를 맡기 위해서입니다. 이 장판 조각을 몸에 지니고 다니면서 어머니를 생각하겠습니다."

이중섭의 황소 같은 눈에서 굵은 눈물방울이 장판 바닥으로 뚝뚝 떨어져 내렸다.

그림들을 다 풀어 놓고 나자 피난 보따리는 몹시 간소해졌다. 이중섭은 칼로 도려낸 장판 조각을 보따리 속에 잘 넣었다. 그 장판은 어머니가 손수 정성 들여 기름을 먹인 것이므로 꽤나 의미가 깊은 것이었다. 그는 화구통도 보따리 속에 챙겨 넣었다. 패물도 챙겨 갈 만하였지만, 그는 그런 것보다 화구통이 더욱 소중했던 것이다.

이중섭은 아내 이남덕과 두 아들, 그리고 조카 이영진을 데리고 집을 나섰다. 화가 한상돈 가족과 김인호가 그들 일행과 합류해서 원산 부두로 향했다. 한상돈은 이중섭보다 선배였으며, 그 역시 일본인 아내와 결혼한 상태였다. 그리고 김인호는 원산고보에 근무하면서 이중섭에게 그림을 배우던 제자였다.

1950년 12월 6일 저녁 무렵, 이중섭 일행은 원산 부두에 도착하여 남쪽으로 떠나는 배를 교섭했다. 그 시각에 원산 부두는 아수라장이 되어 있었다. 타고 갈 배는 적었고, 피난민은 너무 많았다.

원산 부두에는 퇴각하는 군인들을 태운 선박들만 있을 뿐, 피난민을 실어 나를 배는 준비되어 있지 않았다.

이중섭 일행은 미군들에게 배에 태워 달라고 사정했지만, 매번 거절만 당했다. 그는 어머니를 두고 온 터라 마음이 매우 뒤엉켜 있었다. 그래서일까, 미군들에게 거절을 당할 때마다 그는 씁쓸하게 웃기만 했다. 배를 얻어 타지 못하면 다시 어머니에게로 돌아간

〈가족과 어머니〉 종이에 유채, 26.5×36.5cm, 1953~4년으로 추정, 개인 소장.

다는 생각도 갖고 있어, 크게 안타까워할 이유가 없었다. 그러나 마음 한구석에서는 배를 타지 못할 경우 모든 가족이 죽을 수도 있다는 불안을 떨쳐 버릴 수가 없었다.

원산항은 제1부두에서 제4부두까지 있었다. 이중섭 일행이 제4부두까지 갔을 때는 이미 피난민들이 배를 얻어 타는 걸 포기한 채 뿔뿔이 흩어진 뒤였다. 날씨가 추운 데다 밤이 이슥하게 깊어 가자, 일단 내일을 기약하면서 잠자리를 구하러 갔던 것이다.

그러나 이중섭 일행은 마지막까지 남아 한 번 더 군인들에게 배에 태워 달라고 사정을 하고 있었다. 그때 마침 한국인 해군 병사 한 사람이 그들에게 물었다.

"당신들은 예술가입니까?"

이중섭을 비롯한 화가 두 명의 머리 모양과 옷차림을 보고 대충 짐작을 한 모양이었다.

"네, 우리는 그림을 그리는 사람들입니다. 한 번만 사정을 봐 주십시오."

그때는 비굴이고 뭐고 없었다. 일단 살고 봐야 할 급박한 사정이었다. 그러니 누가 먼저랄 것도 없이 일행은 그 해군 병사에게 사정을 하며 매달려 보기로 한 것이었다.

"그럼 잠시만 기다려 보시오."

해군 병사는 잠시 후 해군 문관 한 명을 데리고 나타났다.

"아니, 이중섭 선생이 아니십니까?"

그 해군 문관이 이중섭의 얼굴을 알아보고 소리쳤다.

"그렇소만."

이중섭은 잠시 어리둥절했다. 이런 곳에 자신을 알아보는 사람이 있다는 것이 꿈만 같았던 것이다.

"일행이 몇입니까?"

"모두 아홉 명입니다."

해군 문관은 좀 난처한 듯 생각에 잠겼다가 이윽고 말했다.

"타세요. 제가 책임질 테니까요."

이중섭 일행은 뛸 듯이 기뻤다.

"정말 고맙습니다."

모두 배에 오른 뒤 감사의 인사를 하자, 해군 문관은 비로소 자신을 소개했다.

"저는 한민걸이라고 합니다. 원래 원산 사람인데, 해방 직후에 월남했지요. 원산에서 이중섭 선생님을 모르는 사람은 간첩 아닌가요? 그전에는 먼빛으로만 뵈었는데, 이렇게 만나 뵙게 되어 정말 영광입니다."

"이렇게 도와주시니, 이 은혜를 어떻게 갚을지 모르겠습니다."

배에 태워 준 한민걸의 호의가 이중섭으로서는 그저 송구스러울 따름이었다.

배는 12월 6일 저녁 9시 정각에 원산 부두를 출발했다. 배 안에는 해군 병사들 말고도 피난민 1백여 명이 타고 있었다. 배는 칠흑같이 어두운 밤바다로 겨울바람을 가르며 나가고 있었다.

이중섭 일행이 탄 배는 한국군 급식용 사과와 군량미 등을 적재해 수송하는 후생선 '동방호'였다. 밤 11시가 되자, 해군들은 피난민들에게 주먹밥 한 개씩을 배급했다.

저녁을 굶은 피난민들은 맛있게 주먹밥을 먹었다. 그러나 이중섭은 주먹밥을 든 채 아내 이남덕만 바라보고 있었다. 세상에 나온 지 한 해밖에 안 된 아기 태성이가 그녀의 품 안에서 울고 있었던 것이다. 그 곁에 몸을 잔뜩 웅크리고 있는 네 살짜리 태현이도 얼음덩이 같은 주먹밥을 손에 쥔 채 바들바들 떨고 있었다.

이중섭은 태현이를 데려다 자신의 무릎에 앉혔다. 차가운 바닷바람이라도 막아 주려고 개털 외투의 자락을 펴서 감싸 주었다. 그는 차마 아내를 바라보기가 민망해 눈을 감아 버렸다.

"어머님과 형님이 큰일이네요."

이남덕은 원산에 두고 온 식구들을 걱정했다. 이중섭은 아내의 말에 어머니와 형수의 얼굴이 떠올랐으나, 대답을 하지는 않았다. 그냥 아내의 차가운 손만 잡아 보았을 뿐이었다. 원산에 남아 있는 식구들도 걱정이고, 배에 타고 있는 식구들의 운명도 한 치 앞을 내다보기 어려운 실정이었다. 그러니 마음이 착잡해지지 않을 수 없었다.

"이런 땐 정말 독한 술 한 잔이 생각나는구면."

같이 온 화가 한상돈이 말했다.

"헤에, 춥지요?"

이중섭은 그러면서 씩 웃었다.

"이젠 살았어. 남쪽에 가면 마음대로 그림이나 실컷 그려 봐야지. 누구 간섭도 받지 말고 우리 한번 신물이 나도록 그림이나 그려 보자고."

"그림을 실컷 그릴 수만 있다면 얼마나 좋겠어요? 이제 알거지나 다름없는데, 애들 배만 안 곯게 해도 다행이겠지."

이중섭은 깊은 한숨을 내쉬었다. 그가 가족들의 생계를 심각하게 고민해 보는 것은 이번이 처음이었다. 그전에는 부유했던 형과 어머니 덕분에 먹고사는 일을 걱정한 적이 없었다. 이제 피난민이 된 마당에 가족의 생계는 전적으로 그의 책임이었다.

이중섭 일행이 탄 동방호는 1천 톤급에 속하는 소형 발동선이었다. 파도가 거세지자 곧 여자들과 아이들이 멀미를 시작했다. 그러나 이 배는 통통거리기만 할 뿐 제대로 속도를 내지 못했다. 뒤늦게 철수 병력을 싣고 흥남과 원산을 출발한 미 해군 함정들이 벌써 여러 척이나 발동선을 앞질러 가 버렸다.

그나마도 발동선은 강릉 근해에 이르더니 기관 고장으로 아예 바다 가운데서 멈춰 버렸다. 배를 고치는 데 많은 시간이 걸렸다. 그리고 도중에 주문진에 들러 사과 궤짝을 부려 놓고, 다시 부산으로 향했다.

이렇게 해서 이중섭 일행은 원산을 출발한 지 사흘 만에 겨우 부산항에 도착할 수 있었다. 배는 부산 제3부두에 정박했다. 부두는 미군과 한국군의 통제를 받고 있었는데, 상륙 수속 절차가 복잡해서 또 정박한 배 안에서 며칠 동안 기다려야 했다. 항만 구역에는 피난민들이 함부로 나가지 못하도록 높은 철조망이 쳐져 있었고, 경비도 삼엄했다.

그런데 부두에 정박한 다음 날, 해군 소속의 화가 최영림과 장이석이 동방호에 올라왔다가 이중섭 일행을 발견했다.

"아니, 중섭 형!"

최영림이 반갑게 소리쳤다.

"어, 여기 있었군!"

이중섭도 반갑게 최영림과 장이석의 손을 잡았다. 이들 두 사람은 원산 기지사령부가 철수할 때 따라온 정훈부 소속 화가들로, 부산에 내려와서도 계속 해군에 남아 있었던 것이다. 그들은 곧 부대 취사반에서 먹을 것을 가져다 이중섭 일행에게 나누어 주었다.

"자, 어서들 드십시오."

〈투계〉 종이에 유채, 29×42cm, 1954년으로 추정, 국립현대미술관 소장.

최영림과 장이석은 피난민들의 애환을 너무나도 잘 알고 있었다.

"그런데 여기 부산에 내려와 그림 그리는 친구들 사정은 어떤가?"

이중섭은 진작부터 궁금하게 생각해 오던 걸 물어보았다.

"우리도 잘 몰라! 해군 소속이라, 지금 부산에서 활동하는 화가들과 연락이 단절된 상태라네. 전시 아닌가?"

최영림의 말에 이중섭은 그저 무표정하게 고개만 끄덕거렸다.

그때, 이중섭의 조카 이영진이 최영림에게 말했다.

"저도 일할 수 있어요. 아저씨, 일거리가 있으면 제게 소개해 주세요."

이영진은 삼촌에게 신세를 진다는 것이 미안했던 모양이었다.

"너 무슨 소릴 하고 있니? 나하고 있으면 돼."

이중섭은 조카의 심정을 잘 알고 있었지만, 짐짓 이렇게 꾸짖는 투로 말했다.

"저도 이제 제 일을 할 수 있는 나이입니다. 숙부님, 제 걱정하지 마세요."

이영진은 어른스럽게 말했다.

최영림과 장이석은 이영진의 보증인이 되어 주었다. 그래서 이영진은 원산 기지사령부 정훈국 문관으로 취직이 되어 제주도로 가는 배에 승선했다.

이중섭 일행은 부산 도착 이틀 만에 항만 사령부의 재가를 얻어 상륙할 수 있었다. 배에서 내린 피난민들은 곧 부산 범일동 창고 지대에 있는 아카사키 피난민 수용소에 수용되었다. 북한에서 온 사람들은 모두 이 수용소를 거치지 않으면 안 되었다.

아카사키 피난민 수용소는 식민지 시대 때 가축 대기소로 쓰이던 곳이었다. 그러니 제대로 시설이 갖추어져 있을 리 만무했다. 차가운 시멘트 바닥에다, 바람이 술술 들어오는 녹슨 함석이 벽을 대신하고 있었다. 천장도 여기저기 뚫려 있어서 하늘이 훤히 내다보였다.

이중섭은 하늘이 보이는 수용소 건물의 천장 아래에서 도무지 잠을 이룰 수가 없었다. 너덜거리는 군용 담요 하나로 네 식구가 잠을 잔다는 건 쉬운 일이 아니었다. 옷이란 옷은 다 껴입고 자는데도 추위 때문에 이가 다 부딪칠 정도였다. 그런 추위 속에서 거지꼴을 한 채 잠든 아내와 두 아들을 보고 있자니, 잠이 안 오는 것은 어쩌면 지극히 당연하고도 당연한 노릇이었다.

이중섭은 아내 이남덕의 얼굴을 마주할 면목이 없었다. 일본에서 재벌로 알려진 집안의 셋째 딸을 데려다 이런 고생을 시킨다는 것이, 명색이 남편인 그로서는 정말 미안했던 것이다.

수용소에 온 지 일주일이 지나서야 피난민들에 대한 신상 조사가 일제히 시작되었다. 일주일도 지겨웠는데, 신상 조사가 끝날 때까지 또 기다려야만 했다. 개개인의 신상 조사만은 엄격한 곳이 수용소였다.

원산에서부터 이중섭과 동행했던 화가 한상돈의 가족은 쉽게 신상 조사가 끝나 일단 수용소에서 벗어날 수 있었다. 남한에 부자 친척들이 많이 살고 있었기 때문에 수용 대상자로 분류되지 않은 것이었다.

그러나 이중섭 가족의 신상 조사는 좀 까다로웠다. 우선 그가 원산미술동맹 위원장을 지냈다는 사실이 문제가 되었다. 원산에 거주할 당시 그는 인민군 창설 2주년 기념식장 장식 경쟁에서 1등을 하여 총감독을 맡았는데, 그때 원산미술동맹 위원장을 겸하게 되었던 것이다. 그리고 아내 이남덕이 일본 여자라는 것도 걸림돌이었다.

그러자 먼저 자유의 몸이 된 화가 한상돈이 변호를 하고 나섰다. 국군이 원산에 들어올 때 이중섭이 솔선수범하여 신미술화가 협회를 결성해 회장직을 맡은 바 있다고 자세한 설명을 곁들인 것이었다.

마침내 이중섭도 피난 증명서를 발급받을 수 있었다. 적어도 그 증명서를 가지고 있으면 난민 수용소 밖으로 나가 부산 거리를 마음대로 활보할 수 있는 자유가 주어졌다. 그러나 남한에 이렇다할 도움을 줄 만한 친척이 없는 이중섭의 가족은 한상돈의 가족

위_ 부산 피난 시절의 이중섭. 왼쪽부터 친구 황염수, 이중섭, 김서봉.
아래_ 부산 피난 시절에 남포동에서 한묵과 함께 거니는 모습.

처럼 홀가분하게 수용소를 떠날 수도 없었다. 입에 풀칠조차 할 수단이 없었던 것이다. 수용소에 남아 있으면 급식으로 목숨을 연명할 수 있었다.

"일단 여기서 기다려 봐. 내가 나가서 먹고살 길을 구해 볼 테니까."

이중섭은 아내에게 이 말을 남기고 수용소 문을 빠져나왔다. 그는 부산 시내 광복동이나 남포동 거리에 가면 예술가들을 많이 볼 수 있다는 말을 수용소를 지키는 경찰들에게 들은 바 있었다. 그래서 거기에 가면 혹시 아는 화가라도 만날 수 있을까 하는 희망을 갖고 나선 길이었다.

이중섭의 모습은 거지나 다름없었다. 그의 옷차림은 원산에서 피난 올 때 그대로여서 땟물이 꾀죄죄하게 흘렀다. 거기에다 제멋대로 자란 노란 턱수염은 추위 때문에 덜덜 떨렸다.

이중섭은 부산 광복동 거리로 향했다. '밀다원'과 '금강다방' 같은 찻집에는 시인, 소설가, 화가, 음악가 등 예술인들이 많이 모여들었다.

어쩌다 아는 친구라도 만나면 이중섭은 담배를 얻어 피우고 술도 얻어 마셨다. 그러나 그들 역시 피난을 온 처지라 주머니 사정이 그리 좋지 못했다. 이중섭은 술에 취해 친구들과 어울리면서도 수용소에 남아 있는 가족들을 생각하지 않을 수 없었다.

며칠 동안 광복동 거리를 헤매고 다니던 이중섭은 큰 용기를 내어 부두로 나갔다. 거기서 그는 기름통을 굴려 화물차에 싣거나, 선박에 페인트를 칠하는 일을 하였다.

그날 일을 마치고 부두를 나오던 이중섭은 껌팔이 소년이 군대 물건을 훔치다가 헌병에게 들켜 몰매 맞는 광경을 목격했다.

"여보시오! 아무리 이 애가 잘못했었도 이렇게 때려서야 되겠소? 같은 동포끼리 말이오."

이중섭은 헌병들을 말렸다. 그러나 헌병들은 오히려 말리는 그에게 한꺼번에 달려들어 사정없이 때리고 짓밟았다. 그는 그 자리에서 정신을 잃어버렸다. 다시 정신이 들었을 때, 그는 병원 침대 위에 누워 있었다. 헌병들이 총개머리로 이중섭의 머리를 쳐서 상처가 나고 출혈이 심해지자, 겁을 먹은 그들이 그를 급히 병원으로 옮겨 놓은 다음 도망쳐 버렸던 것이다.

병원에서 치료를 받고 나온 이중섭은 곧바로 수용소로 돌아갈 수가 없었다. 그는 머리에 붕대를 감은 채 다시 부산 시내를 떠돌기 시작했다. 그가 수용소로 돌아갈 수 없었던 것은 일자리를 구하지 못한 탓도 있었지만, 그나마 수용소에서 나오는 급식까지 자기가 축낼까 봐 염려가 되어서였다. 그때는 한 입이라도 더는 것이 무엇보다 중요했던 것이다.

이중섭은 그렇게 부산 시내를 떠돌아다니다가 우연히 대청동 부근에서 이종사촌 형 이종석을 만났다. 두 사람은 반갑게 부둥켜안았다.

이종석은 이중섭을 자신이 임시로 기거하고 있는 처가에 데리고 갔다.

이중섭은 그 집의 좁은 부엌 마루에서 열흘 동안 개털 외투를 덮고 잠을 잤다. 머리의 상처가 아물 때까지 기다려야 했던 것이다.

붕대를 풀고 건강을 되찾은 이중섭은 다시 광복동 거리로 나갔다가 화가 김병기를 만났다. 보통학교 시절부터 친했던 죽마고우였다. 그러나 서로 만나 이야기를 주고받다 보니 서로가 비참해졌다. 피난 시절이라 누구나 살아가는 사정이 딱했던 것이다.

결국 이중섭은 빈털터리인 채 가족이 있는 범일동 피난민 수용소로 돌아왔다. 그는 아내와 두 아들에게 빈손을 보여 주기가 부끄러워 뒤로 숨겼다.

"남덕, 미안해!"

이중섭은 꺼칠해진 아내 얼굴을 바라보았다.

"아니에요. 우린 여기서 주는 배급을 받아 굶진 않았으니까 다행이지요. 그런데 당신 얼굴을 보니 며칠은 굶은 사람 같소."

이렇게 말하는 이남덕의 얼굴에서 금세 굵은 눈물방울이 굴러 떨어졌다.

원래 배가 고프면 더 추운 법이다. 이중섭은 문득 부산보다 덜 추운 제주도 생각이 났다. 조카 이영진이 머물러 있는 곳이기도 했다.

"우리 제주도로 가자. 그대 이름처럼 따뜻한 남쪽 나라가 그립구먼. 그곳에 가면 좀 기운을 차릴 수 있을 것 같아."

아내 이남덕도 이중섭의 말에 동의했다. 그리고 그녀는 난민 수용소 생활이 싫었다. 자신이 일본 여자라는 걸 안 수용소 피난민들의 냉대가 심했던 것이다.

1951년 4월 말, 이중섭의 가족을 태운 낡은 해군 경비정은 제주도를 향해 파도를 가르고 있었다. 4월이라고는 하지만, 아직도 바닷바람이 매서웠다. 멀리 섬 가운데 우뚝 솟은 한라산이 눈에 들어왔다. 이중섭은 개털 외투 주머니에서 꼬깃꼬깃한 담뱃갑을 꺼냈다. 담배가 딱 한 개비 남아 있었다.

여러 번 성냥불을 그어 댔지만, 바닷바람이 세차게 불어왔기 때문에 담배에 불을 붙일 수가 없었다. 그걸 본 해군 병사 한 사람이 지포 라이터를 꺼내더니 그의 긴 턱 밑으로 들이밀었다.

갑자기 지포 라이터의 불이 턱 밑으로 다가오자, 이중섭은 노란 수염을 태울까 봐 깜짝 놀란 얼굴로 해군 병사를 바라보았다. 그러고는 멋쩍은 생각이 들어 씨익 웃었다.

"고맙습니다."

이중섭이 담배에 불을 붙인 뒤 해군 병사에게 말했다.

그런데 그 해군 병사는 지포 라이터로 불을 붙여 주고서도 손을 거두어 가지 않았다.

"가지세요."

해군 병사는 지포 라이터를 이중섭에게 주었다.

"그래도 되겠습니까?"

사실 이중섭은 바닷바람에도 꺼지지 않는 지포 라이터의 위력을 실감하고, 그걸 가진 해군 병사를 은근히 부러워하고 있었다.

얼떨결에 지포 라이터를 받아 외투 주머니에 쑤셔 넣은 이중섭은 그때까지도 꼬깃꼬깃한 담뱃갑을 손에 쥐고 있었다. 그는 담배라도 한 개비 더 있으면 해군 병사에게 주려 했는데, 이게 마지막으로 피우는 담배라 매우 난처한 표정을 지을 수밖에 없었다.

"저는 담배를 끊었어요. 그래서 지포 라이터를 드린 겁니다."

이중섭의 난처한 입장을 알아차린 해군 병사가 말했다.

"헤에, 마지막 담배라 그런지 참 맛있네요."

이중섭은 노란 수염 사이로 연기를 내뿜으며 바보처럼 웃었다. 해군 병사도 따라 웃었다.

담배를 피우면서 이중섭은 꼬깃꼬깃한 담뱃갑에서 은박지를 빼내어 손바닥으로 다리미질하듯 폈다. 마침 그의 발밑에 녹슨 못이 하나 있었다. 그 못을 주운 그는 은박지에다 소를 그리기 시작했다.

이중섭은 외투 주머니에 넣어 둔 지포 라이터를 멋지게 빼어 들

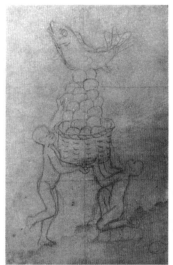

병풍 형식의 연필 스케치. 배를 태워 준 선주에게 주기 위해 그린 그림.

었다. 그러고는 불을 척 켜서 못으로 그린 은박지 그림에다 갖다 댔다.

"왜요? 그 그림을 태워 버리려고요?"

해군 병사는 의아한 얼굴로 이중섭을 바라보았다.

"잘 보세요. 멋진 그림이 될 테니까."

이중섭은 불에 그슬린 은박지 그림을 손바닥으로 문질러 대기 시작했다. 은박지 그림은 묘한 색깔로 되살아나기 시작했다. 못으로 긁어 낸 굵은 선들이 불에 탄 종이처럼 은은한 고동색으로 변하면서, 은박지의 바탕색 역시 새롭게 빛났다.

이중섭은 그 은박지 그림을 해군 병사에게 주었다.

"선생님은 화가시군요? 저기 제주도에 가면 소들이 참 많아요. 앞으로 좋은 그림을 그리실 수 있을 겁니다."

해군 병사는 그 은박지 그림을 성경의 책갈피 속에 잘 간직했다.

"기독교를 믿으시는군요?"

"가톨릭입니다."

이중섭과 해군 병사는 그러면서 서로 얼굴을 마주 보고 웃었다.

"저 섬에 가면 그림만 그릴 겁니다. 나는 원산에서 피난을 왔는데, 그동안 경황이 없어서 통 그림을 그릴 수가 없었거든요."

이중섭은 꿈에 부풀어 있었다.

그러는 사이에 해군 경비정이 제주도에 도착했다. 모슬포를 경유해 서귀포로 간다던 그 배는 갑자기 예정이 취소되는 바람에 산지항에 도착했다.

"서귀포로 가신다고 했죠? 이거 어떡하죠? 예정이 바뀌었습니다."

이중섭에게 지포 라이터를 선물한 해군 병사가 다가와 난처한 표정을 지으며 말했다.

"나는 이중섭이란 사람인데, 이 제주도 어디엔가 우리 조카가 있을 겁니다. 이영진이라고, 정훈국 문관으로 근무하고 있지요. 혹시 소식이 닿으면 내가 서귀포에 가 있겠다고 전해 주십시오."

이중섭은 해군 병사에게 이런 부탁을 하고, 가족과 함께 배에서 내렸다.

날이 어두워지자, 이중섭의 가족은 제주시 건입동 부근의 낡은 창고 안에서 하룻밤을 지냈다. 그곳에는 육지에서 건너온 많은 피난민들이 밤을 지새우고 있었다.

이중섭에게 그 창고를 가르쳐 준 사람은 가톨릭을 믿는다는 해군 병사였다. 마침 거기에는 서귀포로 가는 종교 단체 사람들이 머무르고 있었다. 그들은 서귀포에 있는 가톨릭 성당을 찾아간다는 것이었다.

해군 병사는 이중섭의 가족을 그들에게 소개해 주는 친절을 베풀었다. 그리고 그들과 함께 서귀포까지 동행할 수 있도록 주선을

〈묶인 사람들〉 은박지에 못이나 침으로 그림을 긁어 그린 뒤 유채, 8.5×15cm, 1952년으로 추정.

해 주었다.

　다음 날, 이중섭은 가족을 이끌고 서귀포로 향하는 종교 단체 사람들을 따라나섰다. 제주시에서 서귀포까지는 꽤 먼 거리였다. 아직 전쟁 상황이라서 해안가로만 통행이 가능했기 때문에 정말 멀고도 먼 여정이었다. 그들은 중간에 소 외양간에서 밤을 지새우고, 고구마 같은 것을 얻어먹으면서 사흘 동안이나 걸어서 서귀포에 도착했다.

　종교 단체 사람들은 서귀포의 성당에서 자기들에게 배급해 준 쌀을 이중섭의 가족에게도 나눠 주었다.

　"아이고, 이거 고맙습니다."

　이중섭은 쌀 한 톨, 돈 한 푼 가지고 있지 않았다.

　"우리도 피난민입니다. 이런 때일수록 서로 도우면서 살아야지요."

　그들이 이중섭에게 말했다.

　이중섭은 가족을 이끌고 무작정 서귀읍 서귀리의 어느 농가를 찾아갔다. 마침 그 집 별채에 방이 하나 비어 있었다. 집주인은 이중섭의 가족이 그 방에 머물 수 있도록 해 주었다. 그 방에는 구들을 데우고 밥을 지어 먹을 수 있는 아궁이까지도 딸려 있어서, 모두들 오랜만에 따뜻하게 쉬면서 행복감에 젖었다.

　그날 밤, 주인 아낙네가 갖다준 찐 고구마와 시커먼 보리밥 한 사발로 허기를 메운 이중섭의 가족은 실로 오랜만에 편안한 잠자리에 들어 코까지 골며 잘 수 있었다.

피곤해서 코를 고는 아이들 곁에 누운 이중섭은, 그러나 곧 깨어났다. 바로 머리맡에서 어둠 자락을 이빨로 물어뜯을 듯이 밤바다가 울어 대고 있었던 것이다.

"자니?"

이중섭이 아내 쪽으로 돌아누우며 귓속말로 물었다.

"아뇨."

이남덕도 파도가 뒤척이는 소리에 방금 잠에서 깨어난 것이었다.

"나는 이곳에서 그림을 그릴 거야. 정말 이곳에선 안심하고 그림을 그릴 수 있겠어. 저 파도 소리를 들으니 문득 그런 기분이 드는군."

"그러세요. 여긴 정말 당신 말처럼 따뜻한 남쪽 나라인 거 같아요."

그녀의 목소리는 물기가 배어 있어서 마치 파도의 흐느낌처럼 들렸다. 이중섭의 눈가에 축축한 물기가 배어들었다.

새벽에 이중섭은 마당으로 나왔다. 돌담 사이로 푸른 바다가 보였다. 밤새 어둠을 물어뜯으며 앙탈을 부려 대던 바다는 새벽녘이 되어서야 잠이 들었다. 고요한 먼바다에서 일찍 일어난 어부의 고기잡이배들이 한가롭게 떠 있었다. 갈매기 몇 마리가 그 위를 맴

돌고 있었다.

살길이 막막한 것은 부산에 있을 때나 서귀포로 온 지금이나 똑같았다. 그러나 이중섭은 한 가지 희망을 걸고 있었다. 아무래도 그림이 잘될 것 같은 기분이 들었다. 그런 기분 하나만으로도 그는 만금을 얻은 것만큼 마음이 충만감으로 부풀어 오르는 걸 느꼈다.

이중섭은 서귀포 읍사무소에 가서 피난민 증명서를 제출하고 배급 신청을 했다. 당장 먹고살 양식부터 마련하는 것이 급했던 것이다.

이남덕은 종교 단체 사람들이 나눠 준 쌀을 팔아, 그 돈으로 보리와 찬거리를 샀다. 주인집 아낙네는 자기들이 쓰던 헌 냄비를 내왔다. 그리고 덮고 잘 이불도 하나 갖다주었다. 이남덕은 제주도 사람들의 푸근한 정에 피난길에 겪었던 수모가 눈 녹듯 사라지는 걸 느꼈다.

이중섭은 정신적 안정을 되찾았다. 그는 날마다 바닷가에 나가 그림을 그렸고, 아내 이남덕은 주인집 아낙네의 소개로 이웃집에 품앗이 일을 나갔다. 전쟁 상황이라서 남자들에겐 일거리가 별로 없어도, 여자들에겐 일거리가 많았다. 막일을 한 번도 안 해 본 그녀였지만, 식구들의 생계를 위해선 자신이 나서지 않으면 안 되었다.

〈물고기와 노는 아이들〉 종이에 연필과 유채, 25×37cm, 1953년, 개인 소장.

아내가 일하러 가고 나면, 이중섭은 두 아들을 데리고 바닷가에 가서 놀았다. 태양과 바다와 모래와 아이들은 바로 자연이었고, 그대로 그의 그림 소재가 되었다.

어느 날인가 배급 쌀이 떨어져 아침을 굶은 이중섭은 두 아들을 데리고 정방폭포가 있는 바닷가로 나갔다. 다섯 살 난 태현이는 걸리고, 세 살 난 태성이는 등에 업었다. 그의 손에는 그림 도구와 조그만 단지가 하나 들려 있었다.

"태현아, 게 잡아서 맛있게 끓여 먹자."

이중섭은 노란 수염을 날리며 햇빛에 눈이 부신 듯 얼굴을 찡그리고 웃었다.

서귀포 앞바다에는 게들이 많이 살고 있었다. 아들 태현이는 게를 잘 잡았다. 그리고 게와 친구처럼 잘도 놀았다. 바닷가에는 늘 게나 물고기를 잡는 아이들이 몇 명쯤은 있었다. 그 아이들도 모두 친구였다. 아들의 친구였고, 동시에 이중섭의 친구였다.

이중섭의 그림에 어린이들과 물고기, 게 등이 한데 어우러져 등장하는 것은 그가 자연을 바라보는 태도와도 연결되어 있다. 자연 속에서는 인간도 하나의 자연물이며, 물고기나 게 같은 것들과 동급에 속한다. 인간이 자연을 지배할 수 있다는 듯 거만한 관점에서 바라보지 않고, 이중섭은 다양한 개체들이 하나의 우주 안에서 즐겁게 어우러지고 화합하는 모습을 그렸다.

〈바닷가의 아이들〉 종이에 유채와 수채와 연필, 32.5×49.8cm, 1951년으로 추정, 금성출판문화재단 소장.

아들 태현이와 태성이가 발가벗은 채 아이들과 어울려 게를 잡으며 놀고 있던 날이었다. 이중섭은 바닷가 모래밭에 앉아서 열심히 게와 아이들을 스케치북에 담았다. 그런데 갑자기 바람이 불어와 스케치북이 날아갔다.

　　바람에 날리는 스케치북을 줍기 위해 달려가는데, 마침 그걸 주운 군인 한 사람이 이중섭에게 다가왔다.

　　"화가시군요?"

　　"뭐, 그럭저럭 그리고 있습니다만."

　　괜히 쑥스러워하는 이중섭에게 군인이 스케치북을 내밀었다.

　　"육지에서 오셨군요?"

　　"네, 우리는 피난민입니다."

　　이중섭이 두 아들을 가리키며 말했다.

　　"게를 참 잘 잡는군요. 많이도 잡았습니다."

　　군인은 사람 좋게 웃었다.

　　"저 게도 이 세상에 살려고 나온 건데, 이렇게 잡아서 미안할 뿐이죠. 다 죄짓는 일인데……."

　　이중섭은 나쁜 일을 하다가 들킨 사람처럼 쑥스러워했다.

　　"종교를 갖고 계십니까?"

　　"아뇨. 그저 게한테 미안한 생각이 들어서요."

　　"참 심성이 고우신 분이군요. 이것도 인연이니 우리 통성명이나 합시다."

그러면서 군인은 자신이 제1훈련소 기간 장교로 있는 중령 이상
호라고 했다.

"저는 이중섭이라 합니다."

"사실 저도 어렸을 땐 화가 지망생이었죠. 그러나 아버지는 제
가 그린 그림을 갈기갈기 찢어 버렸어요. 아버지는 제가 화가보다
는 법관이 되길 원하셨죠."

이상호는 이중섭을 근처 식당으로 안내해 밥과 술을 사 주었다.
게가 든 단지를 들고 따라온 아들 태현이와 태성이도 오랜만에 포
식을 할 수 있었다. 그날, 이상호는 이중섭이 사는 집까지 알아 두
고 부대로 돌아갔다.

이중섭은 스케치북이나 캔버스에만 그림을 그리지는 않았다.
캔버스에 그림을 그릴 만큼 생활의 여유가 없었다. 그는 간혹 나
무판에도 그림을 그렸다. 재료가 없는 상황에서 큰 그림을 그리려
다 보니, 나무판이 캔버스 대용으로 쓰인 것이었다. 이중섭이 나
무판에 그린 그림으로 〈서귀포의 환상〉이 남아 있다. 그렇게 그린
그림으로 이중섭은 보리쌀을 바꿔 오기도 했고, 한 잔 술로 대신
하는 경우도 있었다.

중령 이상호가 이중섭의 집으로 놀러 왔다. 그들은 반가운 기
분으로 술을 마셨다. 부대로 돌아가면서 이상호는 이중섭이 그리

다 둔 그림을 보름 동안만 빌려 달라고 했다. 부대 막사에 걸어 두고 오래도록 감상을 하고 싶다는 것이었다.

"완성된 그림이라면 그냥 드릴 텐데, 아직 미완성이라서."

"아니, 그냥 이대로 보다가 돌려드리겠습니다. 저는 부대에 있기 때문에 오래도록 보관해 둘 수도 없는 처지입니다."

이상호는 보름 뒤 다시 그 그림을 들고 왔다. 그의 지프에는 쌀 한 가마니가 실려 있었다.

그림을 빌려 본 값이라고 했지만, 사실은 빈궁하기 이를 데 없는 이중섭의 가족을 도와주려는 것이었다. 그 쌀은 정말 고마운 선물이 아닐 수 없었다. 보리를 베고 난 밭에 가서 이남덕이 여름 내내 이삭을 줍던 일을 생각하면, 쌀 한 가마니는 보기만 해도 저절로 배가 부를 지경이었다. 이상호는 그 쌀을 이중섭이 받지 않을까 봐, 그가 바닷가로 게를 잡으러 간 사이에 몰래 놓고 간 것이었다.

그 무렵, 이중섭의 조카 이영진은 제주 산지항 기지사령부 정훈과에 근무하고 있었다. 소문으로 삼촌이 서귀포에 살고 있다는 소식을 들은 그는 상관에게 자신을 남제주 정훈 분실로 옮겨 달라고 부탁했다.

남제주 정훈 분실로 발령을 받은 이영진은 곧 삼촌 가족이 사는 집을 수소문했다. 여기저기로 헤매고 다니다가 겨우 집을 찾았

〈그리운 제주도 풍경〉 종이에 잉크, 35×24.5cm, 1954년으로 추정.

을 때, 이중섭은 마침 부산에 가고 없었다. 부산에서 월남미술작가전이 열리고 있었는데, 이중섭도 거기에 3편의 그림을 출품한 것이다.

"숙모님!"

이영진은 뼈만 앙상하게 남을 정도로 바싹 야윈 이남덕의 모습을 보자 그만 눈물이 왈칵 쏟아졌다. 그는 숙모가 원산에서 피난 나올 때 군청색 바지와 블라우스를 입고 있었던 걸 기억해 냈다. 그녀는 그때까지도 그 해질 대로 해진 옷을 입고 있었던 것이다. 이남덕도 조카를 보고 반가움에 못 이겨 눈물을 흘렸다.

한 평 남짓한 삼촌의 방에 들어간 이영진은 방 한 귀퉁이 벽에 다음과 같은 시가 적혀 있는 것을 보았다. 제목은 〈소의 말〉이었다.

시 아래에는 '대향'이라고 씌어 있었다. 이중섭의 호였다. 이영진은 삼촌을 생각하며 그 시를 읽고 또 읽어서, 나중에는 완전히 암송할 정도가 되어 버렸다.

높고 뚜렷하고
참된 숨결

나려 나려 이제 여기에
고웁게 나려

소의 말

높고 뚜렷하고
참된 숨결

나려 나려 이제 여기에
고웁게 나려

두북 두북 쌓이고
철철 넘치소서

삶은 외롭고
서글프고 그리운것

아름답도다 여기에
맑게 두눈 열고

가슴 환히
헤친다

대향 이중섭 짓고
창남 현수 언 쓰다

제주도 피난 시절 살던 집에 걸려 있는 시 사진.

두북 두북 쌓이고
철철 넘치소서

삶은 외롭고
서글프고 그리운 것

아름답도다 여기에
맑게 두 눈 열고

가슴 환히
헤친다.

　어렵게 삼촌 가족을 다시 만난 이영진은 수시로 부대에서 음식을 몰래 빼내어 가져오곤 했다. 부산에 다녀온 이중섭도 조카가 다녀갔다는 이야기를 들었다. 얼마 지나지 않아 그들은 다시 만나서 그간에 겪었던 일들을 마음껏 털어놓을 수 있었다.

　이중섭은 부산에 갔다가 아주 귀중한 물감을 구해 올 수 있었다. 그리고 그곳에 머물고 있는 화가 친구들을 만나 자극도 많이 받았다. 그는 조카까지 만나게 되자 저절로 힘이 솟았다. 그래서 더욱 열정적으로 그림을 그릴 수 있었다.

어느 날인가 제주읍에 갔다가 아주 질이 좋은 담배 가루를 얻어 온 이중섭은 토평리 숲에 가서 굵은 대추나무 가지를 베어 왔다. 대추나무는 재질이 매우 단단해서 파이프 재료로는 아주 그만이었다.

이중섭은 며칠이고 집 안에 틀어박혀 대추나무를 다듬었다. 조각칼로 게와 아이들도 새겨 넣었다. 몹시 훌륭한 수제품 파이프가 만들어졌다. 그는 파이프에 담배를 넣어 피우며 즐거운 기분에 사로잡혔다.

제주도에는 갈까마귀가 많이 살고 있었다. 이중섭의 그림에 까마귀가 등장한 것은 바로 이 무렵부터였다. 그때의 인상을 되살린 그림 가운데 유명한 것으로 1954년 작품 〈달과 까마귀〉가 있다. 이 작품은 통영 시절에 그린 것으로 알려져 있는데, 제주도 산간 지대의 달과 갈까마귀 떼의 모습이 그의 내면에 화인처럼 새겨져 있다가 뒤늦게 캔버스 위에 투영된 것이라 할 수 있다.

제주도에서도 밭을 가는 소들을 흔히 볼 수 있었다. 워낙 어려서부터 소를 좋아했던 이중섭은 논밭에서 일하는 농부와 소들을 볼 때마다 절로 그림에 대한 열정이 불타오르곤 했다. 이중섭은 제주도에 있을 때뿐만 아니라 그곳을 떠난 뒤에도 많은 소 그림을 그렸다. 제주도 초원 지대의 소들 역시 그에게는 내면화된 의식으로 혼재되어 있다가 나중에 뚜렷한 형상으로 캔버스에 재현된 것이다.

돌과 바람과 여자가 많다고 알려진 제주에는 육지에서 찾아보기 힘든 것이 또 하나 있었다. 노란 귤이었다. 이중섭에게는 귤과 관계된 일화가 하나 있다.

이중섭이 아는 사람의 귤밭에 놀러 간 적이 있었다. 한창 귤 수확기여서, 아낙네들이 광주리에 귤을 따서 담고 있었다. 그는 마음씨 좋은 귤밭 주인으로부터 한 상자나 되는 귤을 선물 받았다.

"이렇게 많이 주시면 안 되죠. 일 년 내내 농사지은 귀한 열매인데, 제가 공짜로 먹을 순 없지 않겠습니까?"

이중섭은 그러면서 상자에서 귤 네 개만 집어서 주머니에 넣었다. 집에 돌아온 그는 그 귤을 식구들에게 하나씩 나눠 주었다. 자신의 식구 수만큼만 가져온 것이었다. 그만큼 그는 소탈한 성품을 지녔다.

1951년 작품으로 알려진 〈서귀포의 환상〉은 한창 수확기에 귤을 따고 있는 아이들을 소재로 그린 그림이다. 높은 나무에 달린 귤을 따기 위해 어린이들이 크고 흰 새의 등에 올라타고 있는 이 그림은 환상적이다.

환상성이 없다면 자연은 무미건조한 세계가 될지도 모른다. 그런데 환상성이 자연과 아이들을 결합시키면서, 자연이 더욱 아름다운 세계로 되살아나고 있는 것이다.

어느 날, 이영진이 이중섭을 찾아와 부산으로 발령이 나 제주도를 떠난다고 말했다.

"숙부님, 저와 함께 부산으로 가시지요. 일단 부산에 갔다가 거기서 일본으로 가세요. 우리나라에서는 전쟁 때문에 좋은 물감을 구하기 힘들어요. 부산에도 좋은 물감은 없어요. 그러니 차라리 일본에 건너가서 마음껏 _그림을 그리세요._"

그러나 이중섭은 다시 부산으로 갈 엄두를 내지 못했다. 얼마 있으면 겨울이 닥쳐올 텐데, 추위에 떨 생각을 하니 절로 고개가 가로저어졌다. 그러나 가족을 위해서는 조카 이영진의 말처럼 부산으로 가는 게 좋을 것이라고 생각했다.

제주도에서도 이영진이 곁에 없었다면 이중섭은 마음 편안하게 그림에 열중하기 어려웠을 것이다. 조카가 그의 가족을 알게 모르게 돌보아 주었기 때문에 이중섭은 마음 놓고 그림에만 몰두할 수 있었다.

부대에서 먹을 걸 가져다주는 것도 고마웠지만, 가까운 곳에 피붙이가 있다는 사실만으로도 이중섭의 가족에게는 큰 위안이 되었던 것이다.

어느 날부터인가 이중섭은 마을 뒷산에 올라가 바다를 내려다보며 그림을 그렸다. 지금까지 그리던 기법과는 다소 거리가 있는 사실적인 풍경화였다. 화폭 아랫부분에 마을의 소박한 초가지붕

〈서귀포의 환상〉 나무판에 유채, 56×92cm, 1951년, 호암미술관 소장.

들이 보이고, 양쪽에 나무들이 군데군데 서 있고, 그 사이로 바다 가운데 나앉은 섬이 보인다. 고요하고 깨끗한 느낌의 정겨운 풍경화로, 당시 사람들이 좋아하는 유화였다.

이중섭은 이 그림을 누구에겐가 팔았다. 그는 돈을 받고 팔기 위해 그림을 그린 적이 없었다. 그런데 이 그림은 전적으로 팔기 위한 목적으로 일반 사람들의 취향을 생각하며 그린 것이다. 그는 이 그림을 팔아 돈을 마련해 가지고 돌아와 아내에게 내밀었다.

"어디서 난 돈이에요?"

이남덕이 눈을 크게 뜨고 물었다. 전에 없던 일이었기 때문이다.

"어떤 사람에게 그림을 하나 그려 주었더니 돈을 주더군."

이중섭이 쑥스러운 표정을 지으며 말했다. 그전에는 누구에겐가 물건을 얻거나 도움을 받았을 때, 그림을 그려 주곤 했었다. 그런데 안 하던 짓을 하게 되자 스스로도 마음이 부끄러웠던 것이다.

"이걸 어디 쓰려고?"

이남덕은 돈을 받기는 했지만, 어디에 갈무리할 생각도 못 한 채 남편을 멍하니 쳐다보았다.

"우리도 영진이 따라서 부산으로 가자고."

이중섭은 부산으로 갈 경비를 마련하기 위해 〈섶섬이 보이는 서귀포 풍경〉이라는 풍경화를 그린 것이었다.

1951년 12월, 전쟁이 곧 끝날지도 모른다는 소식이 들려왔다.

〈섶섬이 보이는 서귀포 풍경〉 나무판에 유채, 41×71cm, 1951년, 개인 소장.

중부 전선에서 밀고 밀리는 상태를 계속하고 있는 가운데, 한편으로는 휴전이 논의되고 있다는 것이었다.

그 무렵 이남덕은 잦은 기침을 해 댔고, 두 아들도 영양이 결핍된 상태였다. 생계 문제도 걱정이었지만, 그즈음에는 그림도 잘 안되었다. 그래서 이중섭은 가족을 이끌고 서귀포읍의 부두에서 부산으로 가는 화물선을 얻어 탔다. 배는 곧 바다 위를 미끄러졌고, 한라산의 높은 봉우리가 가물가물 바다 속으로 가라앉고 있었다.

다시 부산으로 돌아온 이중섭은 범일동에 방 한 칸을 얻어 살게 되었다. 그의 오산고보 동창인 김종영이 주선해 준 것이었다.

부산에서 이남덕은 가까스로 일본의 친정어머니와 연락이 닿았다. 곧 일본에서 적은 액수의 돈이 송금되었다. 도쿄에 있는 한국인 교회 목사를 통해 보내온 것이었다. 그리고 얼마 안 있어 일본에서 불행한 소식이 날아들었다. 이남덕의 아버지가 세상을 떠났다는 것이다.

편지를 먼저 손에 넣은 사람은 이중섭이었다. 그는 편지를 숨겼다. 아내의 건강이 나쁜 데다, 곧바로 일본에 갈 수도 없는 형편이었던 것이다.

다시 일본에서 편지가 날아들었다. 이번에는 이남덕이 직접 편지를 받았는데, 뜯어 보니 아버지의 유언에 따라 네 딸들에게 얼마간의 재산이 상속되었다는 내용이었다. 셋째 딸인 그녀에게도 약간의 재산이 주어졌는데, 당사자가 직접 법적 수속을 밟아야 한다는 것이었다.

"아버지가 돌아가신 일을 왜 진작 말하지 않았어요?"

슬픔을 삭이고 난 이남덕이 남편에게 넌지시 물었다.

"미안해. 남덕의 건강이 좋지 않은데, 그 소식을 알렸다가 기절할까 봐 그랬지."

이중섭은 몹시 우울한 표정으로 대답했다. 이남덕은 심한 영양결핍으로 인해 폐결핵에 걸려 각혈을 하고 있었다.

이중섭은 생계를 위해 부두 노동이나 운수 회사의 인부 노릇을 했다. 그러나 그가 버는 돈 가지고는 식구들의 끼니를 잇기도 힘에 겨웠다.

이남덕이 파리한 얼굴로 남편에게 말했다.

"당신은 지금까지 어떤 곤경에 처해도 화를 내는 법이 없었어요. 지금 제가 얘기하는 걸 듣고도 절대 화를 내서는 안 돼요. 아셨지요?"

"그래, 나 화 안 낼게."

이중섭은 그러면서도 불안한 눈으로 아내의 입술을 바라보았다. 야무지게 다물고 있던 그 입술이 드디어 열렸다.

"이곳 부산에 일본인 수용소가 있다는 것, 알고 계시죠?"

"그래."

"저 이제부터 그곳에 가 있겠어요. 그곳에선 아마 아이들도 받아 줄 거예요."

이남덕은 그때까지 호적이 제대로 정리되지 않았다. 그래서 이미 오래전에 이중섭과 결혼을 해서 살고 있었지만, 국적은 그대로 일본인으로 되어 있었다. 한국인과 결혼한 일본 여자라 하더라도, 당시 일본인 수용소에서는 그 자녀들까지 받아 주고 있었던 것이다.

"거긴 일본으로 떠나려는 사람들이 당분간만 머무르는 곳인데……?"

이중섭의 눈썹이 가늘게 떨렸다. 불안이 느껴질 때 나타나는 버릇이었다.

"여기 재산 상속 통지서가 왔어요. 제가 직접 가야 법적 수속을 밟을 수 있대요. 우선 아이들과 함께 제가 일본으로 떠나고, 나중에 당신이 오면 되잖아요. 영진이 말처럼 일본에 가서 그림을 그리세요. 그럼 우리도 마음 편하게 살 수 있다고요."

이중섭은 이남덕의 말을 중간에 자를 수가 없었다. 그리고 그녀의 결심을 막을 여력 또한 남아 있지 않았다.

"그래, 그렇게 해."

이중섭은 내키지 않는 말을 할 때일수록 고개를 더 세차게 주억거렸다.

아내 이남덕도 남편의 그런 버릇을 잘 알고 있었다. 그러나 그
녀는 며칠 뒤 두 아들과 함께 부산시 초량동 미곡 창고에 마련된
일본인 수용소로 들어갔다. 이중섭도 함께 수용소에 들어가면 좋
았겠지만, 그는 한국인이기 때문에 자격이 없었다.

고독 속에서 불타오른 예술혼

아내와 두 아들을 일본인 수용소로 보내고 나서, 이중섭은 부산 시내를 쓸쓸히 걸었다. 그는 개털 외투를 걸치고 광복동으로 향했다.

제주도 서귀포에서 다시 부산으로 온 뒤로 이중섭은 부두 노동을 한 데다가 굶주려서 얼굴이 말이 아니었다. 깎지 않은 노란 수염까지도 영양 결핍에 걸린 듯 꼬불꼬불하게 말라붙었다. 그는 꺼칠한 턱수염을 만지면서 노래를 흥얼거렸다.

이광수 작사, 안지영 작곡인 〈낙화암〉이라는 노래였다. 이중섭은 어려서부터 이 노래를 잘 불렀다.

사비수 나린 물에 석양이 비낄 제
버들꽃 날리는데 낙화암 예란다
모르는 아이들은 피리만 불건만
맘 있는 나그네의 창자를 끊누나
낙화암, 낙화암 왜 말이 없느냐.

어떤 밤 불길 속에 곡소리 나더니
꽃 같은 궁녀들이 어데로 갔느냐
임 주신 비단 치마 가슴에 안고서
사비수 깊은 물에 던진단 말이냐
낙화암, 낙화암 왜 말이 없느냐.

즐거울 때는 제 흥에 겨워 흥얼거렸고, 슬플 때는 또 그 슬픔을
주체할 길이 없어 그저 가슴을 치받고 올라오는 감정을 억누르면
서 목청을 돋우었다. 노래를 부르며 이중섭은 울었다. 마침 겨울비
가 추적추적 내리고 있었다. 거리는 온통 진흙탕으로 질척거렸다.

그렇게 질척거리는 광복동 거리를 걷고 있는데, 누군가가 뒤에
서 이중섭을 불렀다.

"어이, 거기 가는 게 중섭 아닌가?"

이중섭이 뒤를 돌아보니 시인 구상이었다.

"상아!"

이중섭은 반갑게 달려온 구상과 얼싸안았다.

"중섭, 살아 있었구나."

원산에서 헤어진 뒤 처음 만난 것이었다.

"너 군인이 됐구나?"

"군인은 무슨? 종군작가를 지원했지. 지금 대구 근처 칠곡에 주둔해 있어. 부산엔 종군작가단 일 때문에 내려온 거야."

그러는 구상의 눈에서 물기가 번뜩였다. 너무 반가워서 그만 눈물이 찔끔 솟은 것이었다.

"헤헤, 군복이 잘 어울린다야."

이중섭의 눈에서도 다시 눈물이 솟았다.

눈으로는 울면서도, 두 사람은 서로 손을 잡은 채 유쾌하게 웃었다.

"그런데 식구들은?"

"으응, 잘 있지. 잘 있어."

이중섭은 그 긴 턱이 흔들릴 정도로 고개를 끄덕였다. 그것은 말과는 반대로 잘 있지 못하다는 부정의 뜻이 담긴 표현이었다. 그런 버릇을 익히 알고 있던 구상의 눈빛이 흐려졌다.

"남덕 여사와 아이들이 보고 싶군."

"응, 언제 한번 같이 가자고."

이중섭은 또 구상을 향해 씨익 웃어 보이며 고개를 몹시 끄덕였다.

"지금 어디 살고 있는데?"

"응, 잘 있지. 잘 있어."

이중섭은 아까와 같은 말만 반복했다. 차마 그의 입에서는 아내와 자식들이 일본인 수용소에 있다는 말이 떨어지지 않았다.

"아무튼 다방으로 들어가세."

구상은 다방 밀다원으로 이중섭을 끌고 들어갔다.

다방에는 미리 약속을 한 듯 화가 박고석을 비롯하여 시인, 소설가 등 몇몇 친구들이 앉아 있었다.

모두들 이중섭을 보자 반가워서 악수를 청했다.

"잘들 있구먼? 그래, 모두들 좋아 보여."

이중섭은 그러면서 소리 없이 씨익 웃었다.

구상은 종군작가단과 관계된 일을 끝낸 다음, 술을 마시기 위해 친구들과 저녁 약속을 했던 것이다. 약속한 친구들이 다 모이자 이들 일행은 술집으로 향했다. 물론 이들 속에는 이중섭도 끼어 있었다.

술잔을 앞에 놓은 이중섭은 참으로 감회가 깊었다. 술을 마셔 본 지가 너무 오래돼서 기억도 잘 나지 않았다. 그러다가 오랜만에 술을 구경하게 되자, 반가움보다는 어떤 슬픔 같은 것이 마음

〈손〉 종이에 유채, 18.4x32.5cm, 1951년으로 추정, 개인 소장.

구석을 아프게 찔러 왔다.

"중섭, 어서 쭈욱 한 잔 비우게."

구상이 술잔을 높이 들어 올리며 건배를 청했다.

"마시자고!"

이중섭도 술잔을 들어 올렸다. 그런데 술잔이 그의 손에서 미끄러지며 술이 옷으로 쏟아졌다. 그의 단벌옷인 개털 외투가 막걸리 세례를 받은 것이다.

"이런, 옷을 버렸네."

구상이 급히 호주머니에서 손수건을 꺼내 막걸리를 닦아 주었다.

"내버려 둬. 이 개털 외투도 막걸리 냄새가 그리운 모양일세, 헤헤!"

이중섭은 다시 따라 놓은 술잔을 비웠다. 그러고는 옷소매로 막걸리가 묻어 있는 노란 수염을 쓰윽 문질렀다.

친구들이 다 가고 나서 이중섭과 구상만 선술집에 남았다. 두 사람 다 많이 취해 있었다.

그제야 이중섭은 자신의 가족이 일본인 수용소에 들어가 있다는 사실을 털어놓았다.

"남덕 여사가 아이들과 함께 고생이 많구먼."

구상은 코언저리가 시큰해졌다.

"너를 만나 내가 호강한다. 밥보다 더 좋은 술을 이렇게 배불리

〈범일동 풍경〉 종이에 연필과 유채, 20.3×26.6cm, 1953년으로 추정.

먹었으니."

비지찌개 쪽으로 수저를 가져가던 이중섭은 그만 일본인 수용소에서 배를 곯고 있을 가족들 생각에 눈물이 핑 돌았다.

"아까 자네 혼자 광복동 거리를 거닐며 흥얼대던 노래 있지 않나? 갑자기 그 노래가 듣고 싶군."

구상은 울적한 기분에 취해 이중섭에게 노래를 청했다.

"아, 낙화암말인가?"

"그래. 사비수 나리는 물에……. 이렇게 시작되는 노래지, 아마?"

"맞아. 그러나 그 노래는 너무 슬퍼. 그 노래를 부르면 괜히 눈물이 난다고."

그러더니 이중섭은 스르르 눈을 감았다.

"그래. 자네가 좋아하는 노래라면 아무거나 불러."

구상이 재촉했다.

"소나무야, 소나무야, 언제나 푸른 네 빛. 쓸쓸한 가을날이나 눈보라 치는 날에도 소나무야, 소나무야, 변하지 않는 네 빛……."

이중섭은 눈을 감은 채로 천천히 노래를 하기 시작했다. 이 노래는 그가 중학교 시절부터 즐겨 부르던 곡이었다. 노래를 다 마치기도 전에 감은 눈을 비집고 굵은 눈물방울이 흘러나와 두 볼을 적셨다.

"이 사람, 자네 많이 약해졌군."

구상은 몹시 취해서 몸이 늘어진 이중섭을 부축하고 선술집을 나왔다.

다음 날, 구상은 경향신문사 문화부장을 찾아갔다. 그는 평소 잘 알고 지내던 문화부장에게 이중섭을 추천했다.

"내 친구 중에 이중섭이라는 천재적인 화가가 하나 있소. 원산에서 피난을 왔는데, 현재 부두 노동을 할 정도로 살기가 어려운 모양이오. 그 친구한테 소설 삽화라도 맡겨 보면 어떻겠소?"

문화부장은 구상의 부탁을 흔쾌히 들어주었다.

신바람이 난 구상은 즉시 이중섭을 만나기 위해 밀다원으로 나갔다. 마침 이중섭이 거기에 있었다. 점심도 굶은 듯 아주 초췌한 얼굴로 다방 구석에 앉아 있었다.

"이제 되었네. 남덕 여사와 아이들을 일본인 수용소에서 빼내 와도 되겠어."

"……?"

이중섭은 그저 황소 같은 눈만 멀뚱거리고 있었다.

"자네, 그림을 그리게. 경향신문 연재소설 삽화를 맡아 달라는 사람이 있어. 그것만 그리면 당분간은 부두 노동을 하지 않아도 될 거야. 가족끼리 함께 살 수도 있고."

"나는 삽화 그릴 자신이 없어."

이중섭은 별로 반갑지 않은 표정이었다. 그는 그전에 여러 번 문학잡지에 삽화를 그린 적이 있었다. 시인들이 낸 시집의 표지 그림도 그렸다. 그러나 그는 신문 연재소설 삽화를 달갑지 않게 생각하였다.

"아니, 왜?"

"미안하네. 신문 연재 삽화는 못 해."

"하지만……."

구상은 이중섭이 왜 삽화를 그리지 않겠다는 것인지 잘 알고 있었다. 삽화가 아무리 돈이 된다 하더라도 그것은 진정한 그림이 아니기에 그릴 수 없다는 뜻이었다.

"고마워, 난 자네가 지금 내게 무슨 말을 하려고 하는지 잘 알아. 하지만, 하지만 나는 삽화만은 그릴 수 없네."

그러더니 이중섭은 개털 외투 주머니에서 손바닥만 한 종이를 꺼내 구상에게 내밀었다.

"아니 이건 담뱃갑에서 나온 은박지가 아닌가?"

"그래, 은박지 그림이지. 요즘 나는 이런 장난을 하는 재미로 산다네."

이중섭이 내민 은박지 그림을 받아 든 구상은 한동안 어떤 감동에 사로잡혀 말을 할 수가 없었다. 그저 입만 벌린 채 은박지 그림을 뚫어지게 들여다보고 있었다. 구상이 그때 놀란 것은 이중섭

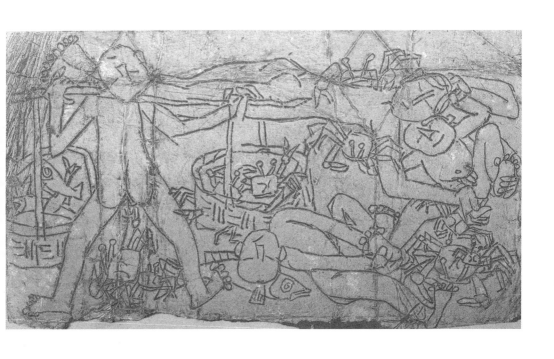

〈발가벗은 아이와 게〉 은박지에 긁어 그리고 유채, 10x15cm, 1952년으로 추정, 개인 소장.

의 삶 자체가 그림이라는 사실을 그 은박지 그림을 통해 확인했기 때문이었다. 그 그림은 불알을 내놓은 발가벗은 아이들이 바닷게와 장난을 하고 있는 모습이었다.

구상은 이중섭이 한때 제주도 서귀포에 가서 살았다는 이야기를 들었다. 그러니까 그 은박지에 그려진 그림은 바로 화가 자신의 생활이었던 것이다.

"중섭!"

구상은 덥석 이중섭의 손을 잡았다.

"그림이 참 재미있지?"

이중섭이 만족한 듯 헤벌쭉 웃었다.

"좋은 그림을 감상했으니, 오늘 내가 술을 한잔 사지."

구상은 이중섭의 손을 잡고 다방을 나왔다.

"시인이 사는 술은 맛이 더 좋아. 사심이 없으니까 술이 살로 갈 수밖에. 그러나 화가들이 사는 술은 좀 미심쩍은 데가 있단 말씀이야. 뭔가 숨기는 게 있는 것 같아. 그러나 상이, 자네는 맑아서 좋아. 자네 얼굴만 바라보고 있으면, 마치 거울을 보는 것처럼 자네 마음을 훤히 들여다볼 수 있거든."

이중섭은 원래 말이 많지 않은 사람이었다. 그러나 그림 구경한 값으로 술을 사겠다는 구상을 따라가며 그는 정말 즐거웠다. 그래서 말이 많아졌다.

이중섭은 순진했다. 자기 마음을 숨길 줄 몰랐다. 그대로 얼굴 표정으로 드러내고, 그대로 솔직하게 말했다. 그는 남에게 욕을 할 줄도 몰랐다. 미심쩍다거나, 수상하다거나, 독특한 사람이라는 말을 욕 대신 사용했던 것이다.

이 무렵 이중섭의 생활은 거의 정해져 있었다. 낮에는 미군 부대 부두에서 하역 작업을 하고, 저녁때는 광복동 밀다원에 나가 술 마실 친구들을 기다리고, 밤이 늦으면 오산고보 동창 김종영이 얻어 준 범일동 판잣집 단칸방으로 가는 것이었다.

밀다원에 자주 나온 화가는 김병기, 손응성, 한묵, 박고석 등이었다. 이중섭은 은박지 그림을 시인 구상에게만 보여 준 게 아니었다. 늘 작업복의 호주머니 안에 넣고 다녀서 너덜너덜해진 그림을 꺼내 놓으며 친한 화가들에게 감상을 부탁하곤 했다.

"이봐, 내 그림 어때? 이건 은박지 위에 그린 낙서화인데, 난 요즘 이런 그림 낙서를 하는 재미로 산다네."

밀다원 다방 탁자에 손바닥만 한 그림들을 늘어놓은 이중섭은 마치 시장 바닥에 노전을 펼쳐 놓은 장사꾼의 모습 그대로였다. 작업복 위에 걸친 개털 외투가 그랬고, 얼굴을 유난히 길어 보이게 하는 늘어진 턱에 난 노란 수염이 그랬다.

그러나 이중섭의 눈빛만은 맑은 샘물 같았다. 그 샘물은 아주 깊은 땅속에서 솟아오르는 폭발적인 힘과 어떤 신선함 같은 것을

담고 있었다. 열정적인 영혼의 불꽃과 그윽함의 깊이가 느껴지는
그런 눈빛이었다.

"자넨 언제 이런 그림을 그리나? 낮엔 부두에서 일하고, 밤엔
우리들과 술을 마시고 나서 곯아떨어질 텐데 말야."

김병기는 이중섭의 은박지 그림을 옆에 있는 다른 화가들에게
보여 주며 감탄의 말을 늘어놓았다.

"밤늦게 집에 들어가면 잠이 안 와. 술에 취해 그림을 그리지.
그리고 부두에 나가 일할 때도 틈틈이 쉬는 시간에 그림을 그린다
네. 그래서 내가 낙서화라고 이름을 붙인 걸세. 이게 사실은 앞으
로 나의 대작이 될 그림의 밑그림인 셈이지. 이 낙서화란 게 아주
재미있어. 언제 어디서나 틈만 나면 그릴 수 있으니까."

이중섭은 흡족한 미소를 지었다.

"자, 내가 그림 그리는 친구 하나를 소개하지."

김병기는 이중섭을 데리고 화가 박고석 곁으로 다가갔다.

"이봐, 고석이. 내 친구 이중섭일세. 이 은박지 그림을 그린 천
재라네."

박고석이 이중섭을 쳐다보며 손을 들어 악수를 청했다.

"만나서 반갑소. 도쿄 시절 동방의 루오를 내가 모를 리 있겠
소. 소문은 많이 들었는데, 직접 만나는 건 이번이 처음이군. 이렇
게 만나다니 영광이오."

〈사랑〉 은박지에 긁어 새기고 유채, 15x10cm, 1955년으로 추정, 개인 소장.

박고석은 이중섭의 두 손을 꼭 잡은 채 한동안 놓지 못했다. 그리고 김병기가 건네주는 은박지 그림을 받아 들고는 벌린 입을 다물지 못했다.

"어때?"

김병기가 박고석에게 그림에 대한 감상평을 재촉했다.

이중섭은 그저 바보처럼 입을 벌린 채 모호한 미소를 지었다.

"담배 은박지 위에 그림을 그린다? 무엇으로 그린 거지?"

박고석은 혼잣말처럼 중얼거렸다.

"송곳이나 못, 나무 끄트러기 같은 것으로 그린 거지."

이중섭 대신 김병기가 대답해 주었다.

"기발한 착상이야."

박고석은 무릎을 탁 쳤다. 그는 이중섭의 낙서화를 보고 문득 깨달은 게 있었던 것이다.

피난 시절의 그 어려운 상황에서 그림을 제대로 그릴 수 있는 여건을 갖추고 있는 화가는 거의 없었다. 그건 박고석도 마찬가지였다. 그런데 은박지 그림을 그린 이중섭은 그런 여건에 전혀 구애를 받지 않는 화가였던 것이다. 손바닥만 한 은박지 위에 송곳으로 그려 나간 선들은 거미줄처럼 얽혀 있는 듯하면서도 나름대로 완벽한 구도를 갖추고 있었다. 그 선들이 모두 꿈틀거리며 살아 움직이고 있었다. 상상력의 분출이 그 선들을 통해 전율처럼 느껴지고 있었다. 그 선들이 살아 움직이며 옆으로 기어가는 바닷게가 되었고, 까르르 웃는 발가벗은 어린아이들이 되었고, 눈알을 껌벅거리는 생동하는 물고기가 되었다.

"나는 어쩌면 이 그림들에게 빚을 지고 사는 건지도 몰라요. 우리 아이들이 그렇고, 아내가 그렇고, 또 바닷가의 게가 그렇지요. 서귀포에 살 때 배가 고파서 바닷게를 잡아먹곤 했는데, 지금 생각하면 내가 몹쓸 짓을 한 것 같아요. 그래서 게의 영혼을 달래 주기 위해 그린 것이지요."

이중섭은 자신의 그림에 대해 이렇게 설명했다.

이중섭의 그림 하나하나는 따지고 보면 모두 사연이 들어 있었다. 그의 그림은 체험을 토대로 하고 있는 것이었다. 어찌 보면 그림으로 그린 일기라고 할 수도 있었다. 그만큼 이야기가 많았고, 문학적인 향기가 가득 배어 있는 그림들이었다. 더구나 그 그림에는 다음과 같은 글들이 씌어 있곤 했다. '삶은 슬프고 아름다워.', '삶은 여러 번이라도 한 번이야.', '물고기야 물고기야.', '우리 아이 고추를 문 게는 이쁘다.' 등등의 낙서였다. 그래서 그 자신이 낙서화라고 불렀는지도 모를 일이었다.

그림에 취한 박고석은 이중섭을 끌고 술집으로 향했다. 마침 그에게는 연합신문 문화면에 그림을 그려 주고 받은 돈이 있었다. 김병기와 다른 화가들도 따라나섰다.

이제 박고석은 술집에서 그림이 아닌, 이중섭이라는 인간에게 취하기 시작했다.

박고석뿐만이 아니었다. 당시 이중섭과 친했던 대부분의 화가나 문인들이 사실은 술보다 그의 인간 냄새에 취해 함께 어울리길 좋아했다고 할 수 있었다.

부산에 피난 온 화가들은 주로 막걸리나 소주를 마셨다. 이중섭은 소주를 마실 때 한 방울도 아껴 가며 아주 조금씩 마셨다. 마치 혀로 핥듯이 아주 맛있게 술을 마셨다. 그는 좀처럼 말을 하는 법이 없었다. 그저 옆에서 친구들이 하는 이야기만 경청할 뿐이었다.

술집을 나올 때쯤이면 이중섭도 몸을 비틀거릴 정도로 취해 있게 마련이었다. 술에 취하면 그는 일본인 수용소에 있는 가족 생각이 나서 견딜 수가 없었다.

"남덕이가 보고 싶군. 남덕이의 뽀얀 종아리가 보고 싶어. 주근깨도 얼마나 이쁘고 귀엽다고."

박고석은 자기 아내가 경영하는 음식점으로 이중섭을 데리고 가서 아내를 소개했다. 박고석의 아내는 개천 위에 기둥을 세워 간이식당을 만든 뒤, 카레라이스를 팔고 있었다.

이중섭의 가족 이야기를 들은 박고석의 아내는 행주치마 끝자락으로 눈물을 찍어 냈다.

〈사랑〉 은박지에 긁어 새기고 유채, 크기 모름, 1953~1955년으로 추정, 개인 소장.

"이걸 부인과 아이들에게 갖다 드리세요."

박고석의 아내는 이중섭에게 카레라이스를 대접한 다음, 다시 밥과 야채, 된장 따위를 한 보따리 싸서 건네주었다.

"고맙습니다."

이중섭은 밥이 든 보따리를 들고 허청걸음으로 일본인 수용소가 있는 초량동으로 향했다. 철길을 건너다가 그는 발을 잘못 디뎌 넘어지기도 했다. 그러나 그는 무릎이 아픈 줄도 모르고 아내와 자식들을 만날 수 있다는 기쁨에 다시 일어나 수용소를 향해 달려갔다.

"여기 밥이 있다. 야채도 있고, 찍어 먹을 된장도 있어."

이중섭은 가족들을 만나자 자랑스럽게 보따리를 풀어 놓았다. 그러면서 아내의 종아리에다 입을 맞추었다.

그런 이중섭을 측은한 눈길로 바라보고 있던 이남덕은 주르르 두 볼에 흐르는 눈물을 감추지 못했다.

"술만 마셔서 되겠어요? 밥도 든든하게 드셔야죠."

"아, 난 먹었어. 배불리 먹었어. 남덕이 종아리는 참 이쁘단 말야. 이렇게 뽀뽀해 주고 싶어서 막 달려왔지."

이중섭은 계속해서 아내의 종아리에다 입을 맞추었다.

"이제 일본으로 떠나야 돼요. 곧 송환선이 도착한대요."

아내의 말에 이중섭은 멈칫했다. 그것은 말 그대로 충격이었다.

송환선이 도착한다는 것은 곧 가족과의 이별을 뜻하는 것이었기 때문이다.

며칠 뒤, 일본에서 보낸 제3차 송환선이 부산항에 들어왔다. 이중섭은 원산에서 피난 올 때 같이 내려온 후배 화가 김인호와 함께 송환선이 정박해 있는 부두로 나갔다. 양명문과 김영환도 동행하였다.

"애들아! 태현아, 태성아! 잘 가거라. 남덕이도 몸조심하고."

송환선에 오르는 가족들의 손을 일일이 잡으며, 이중섭은 계속 반복해서 이름만 불러 댔다.

"일본으로 오세요. 가자마자 편지할게요. 그리고 초청할게요."

아내 이남덕도 울먹이며 말했다.

이중섭은 멀어져 가는 송환선을 바라보며 가족들을 향해 오래도록 손을 흔들었다. 어쩌면 이제 다시는 가족들을 볼 수 없을지도 모른다는 생각이 그의 가슴을 파고들었다.

송환선이 바다 너머로 완전히 사라지고 나서 이중섭은 김인호와 함께 술집으로 향했다.

그날, 소주에 몹시 취한 이중섭이 김인호를 붙들고 통곡을 하며 말했다.

"나는, 나는 말야, 그림을 그린다고 하면서 말야, 아내와 아이들을 굶주림에 허덕이게 하고……. 그리고, 그리고 결국 먹여 살

〈길 떠나는 가족〉 종이에 유채, 29.5x64.5cm, 1954년, 개인 소장.

릴 방도가 없자 일본으로 떠나보낸 칠푼이야, 바보 칠푼이. 난, 나는…… 천벌을 받을 죄인이야. 아니, 천벌을 받아 싸지. 나는 가족을 속이고, 세상을 속였어. 그림이라는, 말도 되지 않는 걸 가지고 다 속인 거야. 예술이 뭐야? 식구들 굶겨 죽이는 게 예술인가? 이 세상 누구도 나를 용서하지 않을 거야."

이중섭은 이렇게 자신의 가슴을 쥐어뜯으며 오래도록 오열을 토해 냈다.

아내와 두 아들을 일본으로 떠나보낸 직후인 1952년 12월 22일부터 일주일 동안 부산 르네상스다방에서 열린 전시회 기조전에 이중섭은 작품을 출품했다. 기조전은 종군화가들로 구성된 화가들의 작품 전시회였다.

이중섭도 국방부 정훈국 종군화가단에 가입해 있었다. 기조 동인에 참여한 화가들은 이중섭 말고도 손응성, 한묵, 박고석, 이봉상 등이 있었다. 이 전시회는 성공을 거두었다.

기조전에 출품한 이중섭의 그림은 2점이었는데, 모두 팔렸다. 시인이며 중견 실업가였던 김광균이 전시장에 나타나 그림을 사고, 화가들에게 술도 샀다.

이중섭도 김광균을 잘 알고 있었다. 전부터 시인 김기림이 자주 김광균에 대해 얘기한 적이 있었지만, 직접 만난 것은 해방 직후 시인 오장환의 병실에서였다. 그 자리에서 오장환이 이중섭에게 직접 김광균을 소개한 것이다.

"이쪽은 김광균이라고 시 쓰는 친군데, 사업 수완도 뛰어나서 큰 회사를 경영하고 있지. 그리고 이쪽은 화가 이중섭이야. 서로 이름들은 들어서 알고 있을 거야."

이중섭과 김광균은 서로 악수를 하였고, 그 뒤로 절친한 사이가 되었다.

이중섭이 기조전에 출품한 작품은 〈완월동 풍경〉과 '군동화'라고 불리기도 하는 여러 어린이들이 어우러진 그림이었다. 〈완월동 풍경〉은 전신주와 외등을 클로즈업하고, 그 아래로 비탈진 완월동 풍경을 배치한 입체적인 구도가 돋보인다. 그리고 군동화에서는 어린이들이 윤무 형태로 누운 채로 서로 어우러져 한 덩어리를 이루고 있는데, 그 가운데에 한 어린아이가 자유분방하게 뛰노는 모습을 그려 생명력을 강조했다.

이 그림들이 르네상스다방에 걸려 있는 동안 문인, 화가 등 예술가들이 와서 그것을 보고 가곤 하였다. 특히 작가 이헌구는 날마다 다방에 나타났다. 이중섭은 전시회 기간 동안 늘 다방에 앉아서 제주도 시절에 손수 대추나무를 깎아 만든 수제 파이프로 담배를 피웠다.

"거 파이프가 아주 일품이군요. 어디 구경 좀 합시다."

이헌구가 탁자를 가운데 두고 이중섭의 맞은편 자리에 앉으며

〈봄의 어린이〉 종이에 연필, 32.6x49cm, 개인 소장.

말하였다.

"헤헤, 별거 아닙니다. 제주에 있을 때 하도 심심해서 대추나무로 깎아 본 거지요."

이중섭은 파이프를 건네주었다.

"허어! 이걸 이 화백이 손수 깎은 거라고요? 파이프에 새겨진 그림을 보니 정말 그렇군. 이 화백은 그림 솜씨도 뛰어나지만, 조각 솜씨도 여간이 아니외다."

이헌구는 파이프를 이리저리 살펴보고, 손으로 문질러 보고, 또다시 들여다보기를 한참 동안 계속하였다.

"맘에 들면 가지세요."

이중섭이 웃으며 말하였다.

"정말입니까? 이걸 내게 주시겠단 말씀입니까?"

이헌구는 너무 좋아서 어쩔 줄 몰라 했다.

"좋아하는 사람이 쓰는 게 그 물건에게도 복이지요. 선물로 드릴게요."

이처럼 이중섭은 아주 소탈한 성격의 소유자였다.

"중섭 씨, 그림이 아주 좋습니다."

"죄송합니다. 다음번에는 더 잘 그려서 보여 드리지요."

이중섭은 사람들이 그림을 보고 감탄할 때마다 한편으로는 기쁘기도 하고, 한편으로는 부끄럽기도 하였다. 자신으로서는 어쩐

지 그림이 좀 모자라다는 느낌을 지울 수가 없었다. 그래서 그림을 보러 오는 사람들에게 미안했던 것이다.

오랜만에 대구에 있는 시인 구상이 부산에 내려왔다. 이중섭은 만나는 사람마다 붙들고 소식을 알렸다.

"상이가 왔대. 대구에서 상이가 왔대."

구상이 부산에 나타난 것만으로도 이중섭에게는 큰 사건이었다. 이중섭은 아이처럼 들떠서 구상을 만나러 갔다.

오랜만에 부산에 내려온 구상은 이중섭이 아내와 두 아들을 일본으로 보낸 채 외롭게 지내고 있다는 사실을 뒤늦게야 알았다.

"중섭, 나하고 대구로 가세."

구상의 말에 이중섭은 아무 말 없이 멀뚱한 시선으로 바라보기만 했다. 그러나 사실은 일본에 있는 아내와 두 아들을 생각하고 있었다. 그는 한참 만에야 한숨 섞인 소리로 말했다.

"대구로 가면 남덕이와 더 멀리 떨어지는 게 되지 않겠나? 우리 아이들도 더 그리워질 것이고."

이중섭은 수첩 속에 끼워 둔 가족사진을 끼내 들고 한참 동안 바라보았다.

"대구나 부산이나 마찬가지 아닌가? 멀면 얼마나 멀다고."

이렇게 말하면서 구상은 이중섭의 외로움이 얼마나 처절한 것인가를 마음속으로 깨달을 수 있었다. 서로의 거리가 조금만 더 떨어져도, 가족에 대한 그리움까지도 멀어질까 봐 두려워하고 있었던 것이다.

"나는 부산을 못 떠나."

이중섭은 우울하게 말했다.

"잠시 떠나 보는 것도 좋을 거야. 바람이나 쐬는 셈 치고 말야."

구상이 이처럼 간곡하게 말하자, 이중섭의 마음도 움직였다.

"잠시라면 괜찮겠지."

이중섭은 구상을 따라 부산역에 가서 대구행 기차에 몸을 실었다. 그즈음에 구상은 대구에서 영남일보 주필을 맡고 있었다. 그 신문은 사실상 육군에서 경영을 하는 것이나 마찬가지였기 때문에, 종군작가단 소속인 그에게 주필 자리가 맡겨질 수 있었다.

신문사 일을 맡았기 때문에 구상은 생활에 좀 여유가 생겼다. 이중섭 한 사람의 생계 정도는 충분히 도울 여력이 있어서, 애써 그를 대구로 가자고 이끈 것이었다.

그 무렵 구상은 폐결핵을 앓고 있었다. 한동안 부산에 내려가지 못했던 것도 사실은 심하게 각혈을 할 정도로 폐결핵이 심했기 때문이었다.

대구에 올라와 첫 밤을 지내게 된 이중섭은 뒤늦게 구상이 폐결핵으로 고생을 했다는 이야기를 들었다. 구상은 그때까지도 완전히 병이 낫지 않은 상태여서 자꾸만 기침을 해 대고 있었다.

밤에 잠을 자다 어수선한 기척에 깨어 일어난 구상은 이중섭이 잠을 안 자고 뭔가를 그리고 있는 걸 발견했다.

"자네, 잠은 안 자고 뭘 그리나?"

구상이 다가가자, 이중섭은 방금 그린 그림을 내밀며 말했다.

"이 천도복숭아 참 탐스럽지 않나? 맛있겠지? 이 천도복숭아를 따 먹고 자네 폐결핵이 뚝 떨어졌으면 좋겠네. 이걸 먹고 지네 병이 깨끗이 낫기를 바라고 그린 거라네."

구상은 문득 원산에서 이중섭의 큰아들이 죽었을 때 밤새워 그림을 그리던 그의 모습을 떠올리며 뭉클하는 감동을 느끼지 않을 수 없었다. 천도복숭아와 함께 아이와 청개구리를 그려 넣은 그 그림은 우정 어린 진정한 선물이었다.

구상은 눈물이 찔끔 솟았다. 그러면서 속으로 '그대는 천사야, 그대는 천사라구.' 하고 중얼거렸다.

〈도원〉은 종이에 유채로 그린 작품인데, 복숭아나무에 주렁주렁 달린 천도복숭아와 가지에 매달린 발가벗은 아이들이 한데 어우러져 있다. 가지에 매달린 천도복숭아와 발기벗은 아이들은 같은 이미지로 통한다. 아이들 역시 천도복숭아처럼 가지 끝에 주렁주렁 열려 있는 것이다. 천도복숭아와 발가벗은 아이들은 문학적 표현으로 말하면 은유에 속한다.

이즈음에 그린 〈황소〉는 소의 몸 일부와 얼굴을 클로즈업한 그

〈도원〉 종이에 유채, 65x176cm, 1953년으로 추정, 개인 소장.

〈황소〉 종이에 유채, 32.3x49.5cm, 1953년으로 추정, 개인 소장.

림인데, 황소가 막 고개를 오른쪽으로 돌리면서 울부짖는 순간을 포착하고 있다. 붉은 바탕의 배면에 노란색 유화 물감을 덧칠하여 황소의 얼굴과 몸체를 만들어 내고 있는데, 역동적인 운동성이 굵은 선 처리로 인하여 더욱 돋보이고 있다.

〈부부〉라는 그림은 1953년과 1954년에 그린 두 개의 작품이 있는데, 암탉과 수탉이 지상과 천상에서 수직적 구도로 만나면서 서로 부리를 맞대고 있는 풍경을 연출하고 있다. 힘찬 율동성이 부여된 날갯짓과 다리의 모양이 두 마리의 닭으로 하나의 꽉 짜인 공간 형태를 만들어 내고 있다. 이 작품에 대해서는 이중섭이 직접 '남북한의 분단 현실'을 상징화한 작품이라고 밝힌 적이 있다.

이중섭은 대구에서 주로 구상과 함께 최태응, 마해송, 최정희, 김요섭 등의 문인들과 어울려 다녔다. 그는 또 '포대령'이라는 별명을 가진 육군 대령 이기련과도 친하게 지냈다.

어느 날, 이기련이 술을 마시고 이중섭에게 농담 삼아 말했다.

"너 빨갱이지? 넌 왜 구상처럼 일찍 월남하지 않고 북한에 남아 있었어?"

이 말에 이중섭은 몹시 화가 났다.

다음 날, 이중섭은 대구 경찰서에 자진 출두했다.

"무엇 때문에 오셨소?"

경찰이 묻자, 이중섭이 말했다.

〈부부〉 종이에 유채, 51.5x35.5cm, 1953년으로 추정, 호암미술관 소장.

"내가 빨갱이가 아니라는 걸 증명해 주시오."

이같이 난데없는 요구에 경찰은 그저 어리둥절한 표정을 지을 수밖에 없었다. 그리고 오히려 그를 의심하려고 들었다. 이러한 소식을 듣고 달려간 구상이 아니었다면, 이중섭은 뜻하지 않은 일로 사상적인 의심을 받아 고생을 할 뻔했다.

이중섭은 한곳에 머물지 않고, 대구와 부산을 왔다 갔다 하면서 친구들 집을 전전했다. 일본에서 오는 아내 이남덕의 편지들은 부산에 있는 시인 김광균과 대구에 있는 구상의 집 주소로 배달되었다.

편지를 받은 이중섭은 아내 이남덕에게 답장을 썼다. 긴 편지에 많은 사연을 담기도 했고, 엽서에 그림을 그리고 짧은 글을 써서 보낼 때도 있었다. 아내의 편지 중에는 태현이가 자전거를 사 달라고 하길래 아버지가 돌아오시면 사 주신단다고 했다는 내용도 있었다. 그는 편지에 눈물방울을 떨어뜨리면서 "사 주겠다, 사 주겠다."라는 글도 적고, 그 한 귀퉁이에 자전거를 그려 넣기도 했다.

이즈음에 이중섭이 아내 이남덕에게 보냈던 편지들을 소개하면 다음과 같다. 그의 편지들을 보면 '발가락 군'이라는 표현이 나오는데, 이것은 연애 시절 이남덕이 발을 다쳤을 때 이중섭이 붙여 준 별명이다. 그리고 '구촌'이라고도 나오는데, 그것은 이중섭의 아호다.

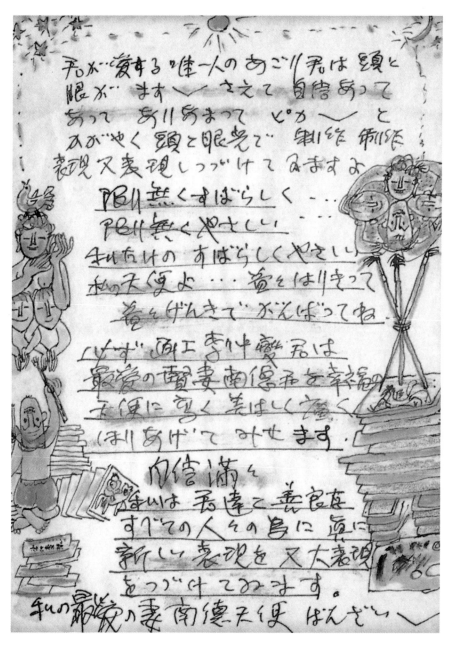

君が…愛する唯一人のあごり君は 頭と
眼が…ます〜さえて 自信あって
あって あり気まって ピカ〜と
かがやく 頭と眼光で 制作 制作
表現又表現しつづけてゐますよ
限り無く すばらしく…
限り無く やさしい
君だけの すばらしく やさしい
私の天使よ…益々はりきって
益々げんきで がんばってね

必ず 頭エ李川藝 君は
最愛の愛妻南徳君を幸そ福の
天使に高く美はしく高く
はりあげて みせます。

自信満々
徳川は 君達と善良な
すべての人々の為に 真に
新しい表現を又大表現
をつづけてみます。

私の最愛の妻南徳天使 ばんざい〜

부인에게 보낸 편지, 종이에 잉크와 색연필.

세상에서 가장 상냥하고 소중한 남덕 군.

따스한 마음이 가득 담긴 9월 9일자 편지 고마웠소.

내 편지와 그림을 그토록 기뻐해 줘서 나는 더없는 기쁨으로 가득 차 있소. 책방의 돈 문제는 야고리가 갈 때 완전히 해결이 될 테니 염려 마시오.

태현이의 공부에 대해선 너무 신경을 쓰지 마시오. 아버지가 가면 공부에 재미를 붙이도록 지도해 주겠소. 남의 집 아이는 아버지가 지도해 주는데 싶어 너무 성급하게 무리를 하면 당신의 몸만 해치게 되오.

즐겁고 밝게, 그리고 천천히 한 가지씩 가르쳐 가면 될 거요. 아버지가 가면 아이들도 자연스레 생활에 변화가 생겨서 친구들과 노는 것보다 아버지와 어머니와 함께 있는 것이 즐거울 테니 조금씩이라도 싫증이 나지 않도록 지도해 주구려. 학교 공부란 생활해 가는 데 있어서 약간만 필요할 따름이지 전부가 아니지 않소?

당신과 나의 소중하고 믿음직한 두 아이들은 반드시 훌륭한 정신을 갖고 인생을 살아갈 훌륭한 아이들이라 믿고 있소. 그러니 마음 편히 모든 일에 천신해 주기 바라오. 당신을 가장 행복한 천사로 만들어 보이겠소. 어서어서 건강을 되찾아 주시오.

대향은 당신과 두 아이들을 가슴 가득히 안고 제작에 열중하고 있소. 이제 한고비만 넘기면 되오. 힘을 냅시다.

나의 다정한 사람이여

한가위 달을

홀로 바라보며

그대들을 가슴 가득히

품고 있소.

힘찬 포옹과 입맞춤을 보내오.

발가락 군에게도 뽀뽀 전해 주시오.

중섭.

귀여운 남덕 군.

　어서 아고리의 두 팔에 안기어 긴 입맞춤을 해 주오. 언제나 내 가슴은 상
냥한 당신으로 가득 차 있소. 하루 빨리 기운을 차려 내가 좋아하는 발가락
군을 마음껏 어루만지도록 해 주오. 나는 당신을 아침 가득히 태양 가득히 신록
가득히 작품 가득히 사랑하고 있소. 내 머릿속은 당신을 향한 사랑의 말로 가
득 차 있소.

　지금은 4월 28일 아침이오. 아침 일찍 일어나 세수를 하고 작업을 시작하
오. 아침 햇살에 반짝이는 잎사귀들을 바라보면서 당신을 생각하고 있소. 화공
구촌은 당신을 사랑하는 마음으로 가슴 가득히 설레고 있소.

　당신과 나의 믿음직한 태현이와 태성이에게 뽀뽀를⋯⋯. 뽀뽀를⋯⋯.

당신의 구촌

아이들에게 보낸 편지에 동봉한 그림. 종이에 잉크와 색연필.

소중한 남덕 군, 편지 고맙소.

아이들과 열심히 사는 모습이 눈에 보이도록 써 주어 그대들을 바로 곁에서 느끼는 듯하오. 교회의 크리스마스 행사에서 태현이와 태성이가 노래와 유희를 한다니 큰 즐거움이겠구려. 이 아버지가 크리스마스까지는 갈 수가 없어 매우 섭섭하오.

태현이가 산수를 백 점 받아서 선생님께 칭찬을 들었다니 당신의 정성 어린 노력에 감사하오. 태성이의 개구쟁이 짓은 아버지가 가면 염려 없어요. 의젓하고 늠름한 아이로 만들어 보이겠소. 뜨개질도 어깨가 아플 정도까지 무리는 하지 말아요. 아고리가 가서 아픈 어깨를 어루만져 풀어 주겠소. 아고리는 더욱 왕성하게 제작 중이니 손꼽아 기다려 주오.

친구의 사정으로 지금 있는 집을 팔았기 때문에 이삼일 중에 아고리는 다른 집으로 이사를 하지 않으면 안 되게 되었소. 이사를 하면 곧 편지를 낼 테니 알리기까지 편지를 내지 말고 기다려 주시오. 지금쯤 도쿄도 꽤 추울 거요. 몸 조심하고, 피곤해서 감기에 들지 않도록 각별히 유의하시오.

나의 가장 사랑하는 상냥한 사람이여, 우리 조금만 더 서로 참읍시다. 나중에 둘이 함께 지난날의 추억담을 나눕시다.

그럼 아고리는 작품전의 좋은 성과를 위해 힘껏 노력하겠소. 밝은 마음으로 기다려 주구려. 발가락 군은 요즘 추위에 잘 견디고 있는지요. 뜨겁고 긴 포옹과 입맞춤을 보내오.

중섭.

이중섭은 건축가 김중업과도 잘 알고 지내는 사이였다.

김중업은 이중섭이 일본에 있는 아내와 두 아들을 너무 그리워하는 걸 보다 못해, 마침 전화국에 근무하던 후배에게 부탁해 국제전화를 걸 수 있도록 해 주었다.

이중섭은 김중업과 함께 밤늦게 전화국에 들어가 국제전화를 걸었다. 아주 어렵게 일본에 있는 이남덕과 연결이 되었다.

"모시모시, 모시모시!"

이중섭은 전화기를 통해 아내 이남덕의 목소리를 듣고, 너무 반가워서 '여보세요'의 일본말인 '모시모시'라는 말만 되풀이했다. 아내의 그리운 목소리가 계속 들려오는 걸 알면서도, 다음 내용을 잊지 못하고 계속 '모시모시'라는 말만 거듭했다. 너무 기쁜 나머지, 그다음 할 말을 잊어버렸던 것이다.

전화를 받고 있는 이중섭보다 더 애가 탄 사람은 옆에서 그 통화 내용을 듣고 있던 김중업이었다.

결국 이중섭은 '모시모시'만 되풀이하다가 그 귀중한 3분의 통화 시간을 다 사용하고 말았다. 그가 아쉬운 얼굴로 전화기를 내려놓자, 화가 난 김중업이 주먹으로 그의 등을 때렸다.

"이런 답답한 사람아! 무슨 말이라도 해야지. 그놈의 모시모시는 대체 뭔가?"

어쩌면 아내와 아이들에 대한 그리움 때문에 이중섭은 더욱더

다방면의 친구들과 교우 관계를 맺었는지도 모른다.

　이중섭은 시인 김종문과도 친하게 지냈는데, 어느 날 함께 경주에 놀러 간 일이 있었다. 석굴암을 보고도 이중섭이 놀라지 않자, 김종문이 의아한 얼굴로 물었다.

　"정말 대단하지 않은가?"

　그러자 이중섭은 스르르 눈을 감고 말했다.

　"평양에 가고 싶군. 어서 빨리 통일이 되기만 한다면."

　"갑자기 석굴암 구경을 하다 말고 평양은 왜?"

　"고구려 고분 벽화 생각이 나서 하는 말이야. 고구려 고분 벽화는 내 예술의 고향인 셈이지. 내 그림의 비밀 하나를 가르쳐 줄까? 내 황소 그림의 꼬랑지 선이나 새 그림의 선이 어디서 나온 건지 알아? 바로 고구려 고분 벽화 속 그림에서 그 선을 발견한 거야."

　이중섭은 갑자기 찾아온 향수 때문에 경주의 다른 구경거리조차 시시해져 버렸다.

　고향에 대한 생각은 이중섭에게 다시 소에 대한 그리움을 불러일으켰다. 이중섭은 길에서 짐을 가득 실은 소를 보고 화가 박정수에게 말했다.

　"저 소를 좀 보게. 저렇게 좋은 소가 짐을 가득 싣고 고달프게 가고 있네. 소가 가엾지 않나? 해방 직후 원산에서 보던 소와 너무 달라. 전쟁을 치른 뒤부터는 소의 눈빛이 완전히 흐려졌어."

이때 이중섭이 말한 소는 여러 가지 의미를 담고 있었다. 전쟁을 치르면서 우리나라가 희망을 잃었다는 뜻도 되었고, 그 자신의 인생살이를 소로 대신하여 표현한 것일 수도 있었다.

부산에 있던 어느 날, 이중섭은 통영에서 살고 있던 공예가 유강열을 만났다. 유강열은 도쿄 유학 시절과 원산 시설에 이중섭과 비교적 가깝게 지내던 사람이었다. 그는 당시 통영 도립공예학교 주임을 맡고 있었다.

이중섭은 유강열이 통영에 놀러 가자고 해서 따라나섰다. 그러나 유강열은 내심으로는 이중섭이 도립공예학교 학생들에게 미술 지도를 해 주길 바랐다. 이중섭이 우리나라 미술사에 밝은 것을 알고 있었기 때문이다. 당시 통영은 목공, 죽공, 나전칠기로 유명한 고장이었으므로, 도립공예학교 학생들의 예술에 대한 열정도 그만큼 높은 편이었다.

아무튼 이중섭은 통영에 가서 머무는 동안 유강열의 소개로 도립공예학교에서 미술 개론, 석고 대생 따위를 가르치게 되었다. 그리고 그는 유강열이 학교 건물 위층에 마련해 준 숙소에서 생활했다.

이중섭은 통영 앞바다에 있는 미륵도의 용화사에 가서 머물 때도 있었다. 때마침 그 절에는 효봉 스님이 머물고 있었는데, 그 스님을 만나 여러 가지 이야기를 나누기도 하였다.

효봉 스님과 이중섭은 고향이 같았기에 고향 이야기만 나오면 밤이 새는 줄도 모를 지경이었다.

"그 스님 참 맑으시더라. 참 맑으셔."

이중섭은 효봉 스님을 만나고 돌아와 유강열에게 이렇게 말하곤 했다.

유강열은 학교 일 관계로 부산에 자주 다녀오곤 했는데, 이중섭에게 일본에서 수입된 질 좋은 물감과 붓을 사다 주곤 했다. 그러나 이중섭은 자신이 쓰던 몽당붓을 사용할 뿐, 새 붓은 다른 사람들에게 줘 버렸다.

이중섭은 통영에서 그림을 그리면서도 일본에 가 있는 가족에 대한 그리움이 날로 커져만 갔다. 그러자 유강열이 통영의 갑부 딸과 결혼을 시키려고 중매를 섰다. 그 갑부는 집도 새로 지어 주고, 화실도 멋지게 꾸며 준다고 했다. 그러나 이중섭은 고개를 흔들었다.

"다시 장가를 들려면 남덕이한테 허락을 받아야 해. 허락을 받으려면 먼저 일본에 가야지."

이중섭은 노란 수염을 쓰다듬으며 쓸쓸하게 웃었다.

이중섭은 아내와 두 아들이 너무 보고 싶어 일본으로 가고 싶었다. 그래서 여러 사람에게 갈 수 있는 길을 알아봐 달라고 부탁

〈통영 풍경〉 종이에 유채, 29x41.5cm, 1954년, 개인 소장.

했다. 이런 과정에서 누군가에게 사기를 당해 돈만 날린 적도 있었다.

그러던 끝에 이중섭은 대한해운공사 사장의 아들이 오산고보 동창이라는 사실을 알고 그에게 부탁하여, 그 회사 소속 선원증을 받을 수 있었다. 비자를 발급하여 정식 절차를 밟지 않고, 선원으로 신분을 위장하여 비공식적으로 일본에 가는 방식을 취하려는 것이었다. 엄밀히 말하면 일종의 밀입국인 셈이었다.

1953년 7월, 이중섭은 선원증을 가지고 6톤급 화물선에 올랐다. 부산 부두를 떠날 때 구상, 박고석, 손응성 등의 친구들이 나와 그를 배웅했다.

이중섭은 이틀 만에 일본 고베항에 닿았다. 그러나 꿈에도 그리던 가족을 만나러 도쿄로 달려간 그가 가장 먼저 마주친 것은 장모의 차가운 눈빛이었다.

"자네, 또 내 딸을 고생시키려고 왔나? 그 꼴이 뭔가?"

이남덕의 어머니, 그러니까 이중섭의 장모 야마모토는 미군 작업복을 걸친 그의 초라한 모습을 보고 너무 실망을 했던 것이다.

그러나 이남덕은 이중섭을 문전 박대하는 어머니에게 사정을 했다.

"한국에서 여기까지 찾아온 사람이에요. 제 남편이에요. 아이들의 아버지라고요."

"안 돼. 나는 저 사람을 받아들이지 못하겠다. 자네, 내 딸이 보낸 돈은 받았나? 그 돈이 어떤 돈인 줄 아나? 우리가 빚을 얻어 만든 돈이라고."

"아직 못 받았습니다."

이중섭은 대략 그 돈 이야기에 대해 알고 있었다. 이중섭이 한국에서 어렵게 지내는 것을 보다 못해 이남덕이 오산고보 후배 마영일과 함께 장사를 벌였다. 이남덕이 일본 책들을 도매상에서 구입한 다음 배편으로 한국에 보내면, 마영일이 그걸 팔아 그 돈으로 이중섭을 돕기로 한 것이다. 전쟁의 포연이 아직 가시지 않은 한국에서는 책이 제대로 출판될 리 없었다. 그리고 식민지 시절을 겪은 뒤라서 지식인들은 일본어로 쓰인 책을 읽고 있었다.

두 사람의 동업은 처음 한 번만 제대로 성사되었다. 두 번째 거래에서 당장 문제가 생겼다. 빚을 내어 만든 돈으로 사 보낸 일본 책 27만 엔어치를 한국으로 가져간 마영일이 장사로 남은 돈을 떼어먹은 것이다. 이남덕에게 책에 대한 원금을 주지 않은 것은 물론이고, 이중섭에게 전해 주기로 한 돈도 주지 않았다. 믿었던 후배에게 보기 좋게 배신을 당한 것이다.

"그걸 말이라고 하나?"

이중섭의 장모는 펄펄 뛰었다.

"마 씨든 누구든 받아서 썼으면 그만이지요. 내가 이렇게 왔으면 됐지, 그뿐 아니겠습니까?"

"뭐라고? 어떻게 저런 말을……."

장모는 곧 쓰러질 듯했다.

"어머니, 그만하세요. 이 사람은 지금 아내인 저와 자식들을 보기 위해 이렇게 멀리까지 달려온 거라고요."

이남덕은 울면서 어머니에게 매달렸다. 그러나 소용없는 일이란 걸 깨달은 그녀는 두 아들과 함께 집을 나와 이중섭을 끌고 일단 어디론가 가야만 했다.

이중섭은 아내가 이끄는 대로 어느 식당으로 갔다. 오랜만에 일가족이 모여 식사를 했다. 그리고 그 식당 위층의 다다미방을 빌려 며칠 밤을 보냈다.

그렇게 여섯 밤을 보내고 난 어느 날 아침, 이중섭은 아내에게 말했다.

"나는 한국으로 돌아가야 해. 장모님에게 사과하는 정도로는 안 돼. 내가 마 씨한테 돈을 받지 못한 대신에 그림을 많이 그려서 팔아 가지고 다시 올게."

이남덕도 남편을 더 이상 잡을 수가 없었다. 이중섭이 불법 체류자가 되어 쫓겨 다닐까 봐 두렵기도 했다. 만약 들통이 나면 감옥에 가야만 했다.

"하지만……. 지금 가면 다시 또 올 수 있을까요?"

이남덕은 슬픈 얼굴로 남편을 바라보았다. 이미 그녀의 눈에는 눈물이 그렁그렁 맺혀 있었다.

"선원증이 있으니까 어떻게든 다시 올 수 있을 거야. 그땐 우리 아들 세발자전거도 사 가지고 올게."

이중섭은 한편으로는 아내를 달래고, 다른 한편으로는 두 아들과의 이별을 안타까워하며 말했다.

헤어진 지 1년 만에 만났는데 고작 여섯 밤을 함께 보냈을 뿐이라고 생각하니, 이중섭은 발길이 떨어지지 않았다. 원래 그는 일본에서 그냥 오래도록 눌러 살 생각이었다. 한국을 떠날 때 친구들에게도 그렇게 말했다. 그러나 돈이 한 푼도 없는 그를 일본 땅은 결코 환영해 주지 않았다. 장모의 박대도 그랬지만, 우선은 그가 일본에서 돈을 벌며 식구들을 먹여 살릴 자신이 없었던 것이다.

거의 뜬눈으로 밤을 지새다시피 해서 내린 결론이었고, 이남덕 역시 남편의 앞날을 걱정하던 터라 더는 붙잡을 생각을 못 하고 떠나보내야만 했다.

그날 저녁 무렵에 이중섭은 도쿄 역에서 기차를 탔다. 그는 한국에서 가져온 은박지 그림들을 아내에게 맡겼다.

"이 그림들은 언젠가 내가 벽화를 그릴 때 쓰려고 모아 둔 밑그림이야. 당신이 간직해요."

"네, 간직할게요. 그리고 기다리겠어요. 언제까지나."

이남덕은 이중섭이 건네준 은박지 그림 뭉치를 손에 꼭 움켜쥔 채 말했다. 기차의 좌석에 가서 앉은 그는 아내와 두 아들을 향해 힘없이 손을 흔들었다. 그러면서 그는 한없이 고개를 끄덕였다. 그것은 아내의 기다린다는 말에 대한 그의 기약 없는 무언의 대답이었다.

기차가 기적을 울리며 움직이기 시작했다. 이중섭은 고개를 뒤로 돌려 아내와 두 아들의 모습을 끝까지 좇았다. 손을 흔드는 세 사람의 모습은 그의 시야에서 아스라이 멀어져 갔다.

이렇게 해서 일본에 건너간 지 일주일 만에 이중섭은 다시 한국으로 돌아왔다. 그가 부산 광복동 거리에 나타나자, 화가와 문인 친구들은 놀라지 않을 수 없었다. 일본 도쿄 거리에 있어야 할 그가 부산에 나타난 것에 놀랐고, 그 며칠 사이에 얼굴이 반쪽으로 여윈 데 대해 두 번 놀랐다.

"아니, 중섭이 아닌가? 왜 돌아왔어?"

화가 손응성이 물었다.

"이 사람, 이거 귀신 아닌가? 얼굴이 왜 이 모양이야?"

화가 박고석이 안타까운 마음에 눈시울을 붉혔다.

"일본보다 역시 우리 조국이 좋아. 난 역시 우리나라 흙냄새를 맡고 살아야 해."

이중섭이 얼굴을 구기며 웃었다. 그러나 그를 본 친구들은 그

은박지 그림. 뒷날 대작으로 완성할 것이라며 아내 이남덕에게 맡긴 그림들 가운데 하나.

웃음이 슬픔을 넘어서 울음에 가깝다는 걸 알 수 있었다.

"가자, 술집으로."

박고석이 이중섭을 잡아끌었다.

이중섭은 그날 술에 진탕 취했다. 그리고 '소나무야, 소나무야' 하고 노래를 불렀다. 노래를 부르고 나서, 술에 취해 울먹이는 목소리로 말했다.

"나, 나 말야, 장모한테 쫓겨났어. 남덕이한테는 대접받았는데, 장모가 나를 미워해. 돈도 못 번다고. 그래서, 그래서 돈 벌어 가지고 다시 오겠다고 했지. 그런데 그게 말이나 되냐고? 내가 무슨 재주로 돈을 버냐고?"

다음 날부터 이중섭은 부산 거리를 헤매고 돌아다녔다. 그러나 휴전이 되고 난 다음이라, 부산에 피난을 내려왔던 많은 문인과 화가 친구들이 서울로 돌아가고 없었다. 그래서 부산 거리는 쓸쓸하기만 했다.

이중섭은 시인 구상이 있는 대구로 갔다. 그러나 대구의 겨울 날씨는 너무 추웠다. 그는 병약해져서 추위를 몹시 탔다. 며칠 동안 머물다가 더 이상 추위를 참을 수 없게 되자 통영으로 갔다. 통영은 남쪽 바닷가라 그런지 한겨울에도 그리 춥지 않았다.

"자네가 다시 왔군. 잘 왔네."

유강열이 반갑게 이중섭을 맞아 주었다.

"헤에, 그림 그리기는 여기 통영이 좋아. 따뜻하고. 일본도 그림 그리는 환경은 좋지 않더라고."

이중섭은 그러면서 그림을 많이 그려 부자가 되면 다시 일본으로 건너가겠다고 했다.

"그래, 열심히 그려 봐."

"이제 나도 그림을 팔아 돈을 모아야겠어."

이중섭은 결심이 선 듯 열심히 그림을 그리기 시작했다. 그리고 몇 달 뒤 여러 화가들과 함께 통영 시내에 있는 성림다방에서 단체전을 열었다.

그 무렵, 이중섭의 그림을 본 시인 유치환은 그에게 농담 삼아 이렇게 물은 적이 있었다.

"중섭 형! 형은 쇠불알을 그리고 싶어 소를 그리는 거지요?"

"그걸 어찌 알았지요? 쇠불알, 그거 얼마나 좋아요? 쇠불알 덕분에 소를 그리지요. 쇠불알은 우주예요. 그 안에 소도 들어 있고, 사람도 들어 있고, 삼라만상이 다 들어 있지요. 고 말랑말랑하고 통통한 것 안에 말이외다."

이중섭의 이 같은 말은 의미심장한 데가 있다. 이른바 '쇠불알의 철학'이다. 그는 쇠불알이 곧 우주라고 역설하고 있다. 그것은 그냥 우스갯소리로 한 말이 아니다. 이중섭의 인생 화두는 바로 황소이고, 그 출발은 쇠불알이었던 것이다. 쇠불알 안에 있는 정자에 의해 새로운 생명이 탄생하고, 그 생명이 자라서 다시 새로운 생명을 탄생시키며, 그렇게 해서 우주의 삼라만상이 돌고 도는 것이다.

통영에 있을 때 이중섭은 자신의 인생 화두인 황소를 다시 만났다. 원산의 황소와는 달리 제주도나 통영의 황소 그림에서는 수컷의 상징이라 할 수 있는 불알이 강조되고 있다. 이중섭은 암소는 절대로 그리지 않는 결벽성을 가지고 있었다. 반드시 힘찬 율동의 굵은 선으로 강조된 황소 그림을 그렸는데, 심지어는 그의 가족이 수레에 타고 피난 가는 그림에서조차 그것을 끄는 황소의 불알을 유난히 크게 그렸다.

이중섭의 소를 사랑하는 마음이 단적으로 나타난 한 가지 일화가 있다. 어느 날, 그는 황소가 수레에 짐을 가득 싣고 비탈길을 어렵게 올라가는 모습을 보았다. 순간, 이중섭은 눈물을 뚝뚝 흘렸다. 마침 옆에 있던 친구가 물었다.

"왜 우는 거니?"

"응?"

"또 일본에 간 마누라와 자식들 생각하는구나?"

그러자 이중섭이 손등으로 눈물을 닦아 내며 말했다.

"저렇게 좋은 소가 큰 짐을 싣고 고달프게 걸어가고 있는 걸 보라고. 소가 너무 불쌍해!"

〈흰 소〉 종이에 유채, 30×41.7cm, 1954년으로 추정, 홍익대학교 박물관 소장.

1954년에 그린 〈흰 소〉는 이중섭의 대표작으로 잘 알려져 있다. 종이에 유채로 그린 이 그림은 소의 어깨와 엉덩이뼈 등을 흰 물감을 사용해 굵고 거친 터치로 처리하였다. 특히 성난 황소의 머리와 꼬리에서 보이는 역동성은 근육질의 몸매와 어울려 화면을 뚫고 달려 나올 것 같은 착각이 들게 한다. 뒷발의 형태가 마치 우직한 발굽으로 땅의 흙을 파헤칠 듯한 순간을 연출해 내고 있는 것이다. 이중섭이 말하고 있듯, 이 그림의 선은 고구려 고분 벽화처럼 살아 움직이고 있다.

이중섭은 통영에 머물면서 가까운 거제도 장승포에도 며칠씩 가서 머물곤 했다. 당시에는 포로를 석방하고 난 직후라, 거제도 포로 수용소 부근은 텅 빈 채로 전쟁의 찌꺼기와도 같은 흔적만 남아 있었다.

그러던 어느 날, 그 쓸쓸한 잔해와 바다가 만나는 풍경 속에서 이중섭은 문득 원산 앞바다를 떠올렸다. 그 바다 풍경과 함께 어머니의 얼굴이 포개지며 떠오른 것이다.

이중섭은 "어머니!" 하고 소리쳐 불렀다. 어머니는 전쟁 중에 돌아가셨을지도 몰랐다. 거제도 바다는 어머니를 떠올리게 만들었고, 어머니의 죽음을 어떤 확정적인 믿음으로 받아들이게 했다.

거제도 바다에서 이중섭은 이렇게 어머니의 죽음을 스스로 인정했다. 그러고 나자 갑자기 바다가 가까운 통영에서 지내기가 싫어졌다. 어머니의 죽음을 인정하면서도, 더 이상 그런 감상적인 느낌 속에 빠져들기가 싫었다. 그래서 그는 통영을 떠나고 싶었다.

그런 이중섭의 심정을 알아챘는지, 진주가 고향인 화가 박생광이 자기 집에 놀러 가자고 했다. 이중섭은 무작정 서울로 가려던 참이었으나, 박생광이 이끄는 대로 진주로 가서 잠시 머물렀다.

진주에서 박생광은 이중섭과 함께 옥봉이라는 곳에 화실을 꾸미고 함께 그림을 그렸다. 그들은 화실에서 자취를 하며, 군용 반합에 술을 따라 마시는 등 즐거운 나날을 보냈다. 나이는 박생광이 열두 살 연상이었다.

"이 화실, 마음에 들지?"

"네, 좋아요. 그림이 나올 것 같아요."

박생광의 말에 이중섭은 흡족한 미소를 지었다.

"여기서 멋진 소를 그려 보라고."

"멋진 소? 좋지요. 소하고 연애를 하는 기분으로 열정적으로 열심히 그려야지요."

이중섭은 다시 소 그림에 몰두했다.

그림을 아는 진주의 부자들은 이중섭의 소 그림을 아주 비싼 값에 샀다. 그중 한 사람은 술자리에서 농담 삼아 이렇게 말하기도 했다.

"이 선생은 그림만 그리시오. 내가 평생 생활비를 댈 테니까."

그러나 이중섭은 그런 말에 아무런 관심도 보이지 않았다.

이중섭은 그 무렵 술집에 자주 드나들었다. 너무 술에 취해 그대로 쓰러져 잠이 들었다가 깨끗한 이부자리에 질펀하게 오줌을 싼 적도 있었다. 그래서 그곳 사람들이 그를 '늙은 아이'라고 놀려댔다.

"아하, 맞아. 나는 아이야. 어른보다 아이가 좋지."

자신을 놀리는데도, 이중섭은 오히려 재미있다는 듯 즐겁게 웃었다.

〈판잣집 화실〉 종이에 수채와 잉크, 26.8×20cm, 1953년, 개인 소장.

마지막 날들

이중섭은 가족과 헤어진 뒤로는 어느 한 곳에 오래 머무르는 법이 없었다. 그의 방황은 가족이 없는 외로움에서 시작되었지만, 나중에는 그의 예술적 고뇌가 끝없는 방황을 하도록 만들었다. 그는 그림이 더 이상 안 될 때는 다른 곳으로 자리를 옮겼다.

진주에서 박생광의 도움으로 열정적인 작품 활동을 하던 이중섭은 또다시 부산으로 갔다. 그러나 부산은 쓸쓸했다. 아는 친구들이 거의 서울로 되돌아간 것이었다. 그는 구상을 찾아 다시 대구로 갔다.

구상은 언제나처럼 이중섭을 반갑게 맞았다.

그즈음에 구상은 대구 부근의 왜관에 살았다. 낙동강 기슭에 자그마한 집을 마련해 가족과 함께 단란한 생활을 하고 있었는데, 이중섭이 그 집으로 찾아온 것이었다.

마침 그날, 구상은 자기 아이들에게 세발자전거를 사다 주었다. 이중섭은 구상의 아이들이 무척 좋아하는 걸 보고, 그 모습을 그림으로 그렸다.

"자네 가족들이야."

이중섭은 아주 즐겁게 웃으며 구상에게 자신이 그린 그림을 내밀었다.

〈구상네 가족〉이라는 그림 속에는 새로 사 온 세발자전거를 보고 좋아하는 구상의 아이들과 부부, 그리고 그 단란한 가족을 멀뚱한 시선으로 바라보고 있는 이중섭 자신이 그려져 있었다. 이중섭은 일본에 있는 자신의 두 아들이 세발자전거를 사 달라고 보냈던 편지를 떠올리고는 구상의 가족이 부럽기만 했던 것이다.

바로 그날 밤이었다. 잠을 자다 깨어난 이중섭이 구상을 불렀다.

"이봐, 상! 지금 자나?"

"아니 왜 그래? 잠이 안 오는 모양이지?"

구상은 깜짝 놀라 깨어났다.

"나 다시 일본으로 가야겠어. 남덕이도 보고 싶고, 태현이와 태성이도 눈앞에 자꾸 아른거려. 미치고 환장하겠다고."

"그래, 내가 여비를 마련해 줄 테니까, 당장 내일이라도 떠나라고. 지난번에 갔을 때 어떻게 해서든 버텼어야 하는 건데……."

구상은 이중섭을 이렇게 위로했다.

"하지만, 하지만……. 난 이대로는 못 떠나. 돈을 벌어야 돼. 서울 가서 전람회를 열어 가지고 돈을 많이 벌 테야. 그리고 일본으로 남덕이를 보러 가야지."

다음 날, 이중섭은 구상에게 말했다.

"나 먼저 서울로 가겠네."

"그래, 잘 생각했어. 서울에 가면 외롭지는 않을 거야. 친구들이 모두 올라갔으니까. 나도 곧 정리가 되는 대로 따라가겠네."

떠나는 이중섭의 손에는 스케치북과 화구통만 달랑 들려 있었다. 구상은 몹시 안쓰러워하면서 이중섭의 손에 여비를 쥐어 주었다.

이중섭은 서울로 가기 전에 먼저 칠곡에 있는 최태응을 만나러 갔다. 최태응과 함께 지내는 며칠 동안 과일나무가 많은 과수원 언덕에 올라가 복숭아나무를 그렸다.

최태응은 먼빛으로 이중섭이 그림 그리는 걸 구경하다가, 저녁 때가 되면 함께 술집으로 가서 술을 마셨다. 그런데 이중섭은 그날 그린 그림을 탁자에 펼쳐 놓고 술을 마시다가 북북 찢어 버리기를 반복했다. 하루도 아니고 날마다 그랬다.

"아니, 왜 그림을 자꾸 찢어 버리나?"

"이건 그림이 아니야. 못써. 이런 걸 누구에게 보여 준다는 건 수치야. 죄를 짓는 일이라고."

이중섭은 미친 사람처럼 그림을 발기발기 찢으며 말했다.

어느 날인가 이중섭은 하루 종일 과수원 언덕에 가서 있다가 아주 기분 좋은 얼굴로 돌아왔다.

"오늘은 그림을 또 얼마나 찢어 버렸나?"

최태응의 농담 섞인 말에 이중섭은 씨익 웃으며 말했다.

"오늘은 그림을 안 그렸어. 그림을 그리는 것보다 그냥 탐스러운 복숭아를 쳐다보고 있는 게 더 좋더군. 꼭 스케치북에 옮겨 놓아야 그림이 되는 건 아니야. 그냥 좋아서 보고 있으면 그게 그림이지."

이중섭은 그다음 날 다시 대구로 돌아왔다. 며칠 동안 칠곡에서 지내면서 술집에 드나들다 보니 구상이 서울 가라고 준 여비가 다 떨어진 것이었다.

"헤에, 다시 왔어. 칠곡에 가 있었지. 이번에 정말 서울로 갈 테야."

이중섭의 말을 구상은 바로 알아들었다. 서울 갈 여비가 없다는 얘기였던 것이다.

구상은 다시 여비를 구해 이중섭에게 주었다. 이중섭은 대구역

〈구상네 가족〉 종이에 연필과 유채, 32×49.5cm, 1955년, 개인 소장.

에서 서울행 열차에 몸을 실었다.

서울의 명동과 충무로 거리는 부산의 광복동과 남포동을 연상시켰다. 많은 예술가들이 밤이나 낮이나 드나드는 곳이었다.

'중섭이가 서울에 나타났다.'

이런 소문이 예술가들의 입에서 입으로 전해지면서, 부산 시절 밀다원에 모이던 화가들이 명동으로 몰려들었다.

가장 먼저 이중섭 앞에 나타난 사람은 손응성이었고, 곧이어 한묵과 김환기도 왔다. 그들은 드럼통을 엎어 놓고 탁자 대용으로 쓰는 노천 술집으로 향했다.

이중섭의 이종사촌인 이광석과 먼 친척뻘이 되는 위상학도 술자리를 같이했다.

술에 취해 오랜만에 이중섭의 '사비수 나리는 물에……' 하는 〈낙화암〉 노래를 들으면서 모두 부산 피난 시절의 감회에 젖었다.

술집에서 나온 이중섭은 이제 어디로 갈까 생각하며 집터만 남은 잡초더미 위에다 오줌을 눴다. 오줌 줄기가 어둠 속에서 흰 포물선을 그리며 떨어졌다. 그는 오줌 줄기가 그쳤는데도 한참 동안 같은 자세를 취하고 있었다. 함께 오줌을 누던 위상학이 물었다.

"아직도 오줌을 누고 있나?"

"아니, 하늘의 별을 보고 있었어."

이중섭이 쓸쓸한 눈빛으로 위상학을 바라보았다.

"오늘 우리 집으로 가자. 최영림과 장이석도 와 있을 거야."

위상학이 이중섭의 옷소매를 잡아끌었다.

"아니, 언제 집이 생겼어?"

"응, 하나 구했지."

"그럼 가자고. 친구들도 거기 있다는데, 가서 더 마셔야지."

이중섭은 흔쾌히 위상학을 따라나섰다.

위상학의 집은 가회동에 있었다. 넓은 정원에 정원수가 심어져 있는 3층 집이었다.

"자, 들어가자고."

위상학이 이중섭을 집 안으로 안내했다.

"와, 집이 굉장하구먼? 상학이가 부자 됐네. 재주가 좋아. 어떻게 돈을 벌었나?"

이중섭은 입을 딱 벌리고 놀란 표정을 지었다.

위상학은 말없이 머리만 긁적거렸다. 그는 경기도 운천에 주둔하고 있는 미군 부대에서 전속 화가로 초상화를 맡아 그리면서 돈을 많이 벌었다. 그 이야기를 이중섭에게 하기기 좀 쑥스러웠던 것이다.

"어서 들어가기나 하자고."

위상학은 넓은 정원을 둘러보고 있는 이중섭을 재촉했다.

"무엇하러 이런 집을 사는 거냐? 차라리 이런 집을 팔아서 그림이나 실컷 그리며 살지 않고."

이중섭의 말에 위상학은 더욱 부끄러운 마음을 어찌지 못했다.

거실에서는 화가 최영림과 장이석이 술을 마시고 있었다. 위상학과 함께 이중섭이 들어서자, 그들은 벌떡 일어나 반갑게 악수를 청했다.

"하아, 고것 참 예쁘다."

이중섭은 거실 소파에 앉자마자 탁자 위에 놓인 벼루를 가리키며 말했다. 그 벼루에는 여의주를 물고 있는 용이 새겨져 있었다.

"가지고 싶으면 가져가게."

위상학이 말했다.

"아니, 나는 이런 물건 못 쓰네. 난 이 꼬마 거북이가 맘에 들어서 한 소릴세. 용 한 마리로는 심심해서 꼬마 거북이를 하나 더 새겨 넣은 걸까? 혼자서는 심심하니까 둘이 함께 놀라고 말야."

그러더니 이중섭은 헤헤거리고 웃었다.

이중섭은 이런 식으로 친구들을 찾아가 며칠씩 묵었다. 남산이 보이는 예장동에서 그림을 그리고 있는 손응성을 찾아가 그림 구경을 하며 예술에 대한 이야기를 나누기도 했다.

그러던 어느 날, 이중섭은 원산에서부터 알고 지내던 정치열을 만나 누상동에 있는 그의 일본식 가옥 2층에 방 하나를 얻게 되었다. 정말 오랜만에 자기만의 공간을 차지한 것이었다. 이중섭은 이제 마음대로 그림을 그릴 수 있는 공간을 확보했다. 그가 기거하던 방은 유리창이 깨져 비바람에 너덜거렸지만, 창밖으로 무악재와 인왕산의 풍경을 바라볼 수 있어 좋았다.

이중섭은 누상동에 살기 시작하면서부터 아침 일찍 일어나 인왕산 계곡에 올라가서 찬물로 몸을 씻곤 했다. 일본 도쿄 시절에 그랬듯이 정신 단련을 했던 것이다.

집으로 돌아와서는 맑은 정신으로 그림 그리기에 몰두했다. 그는 이제 친구들을 만나러 명동에 나가지도 않고 집에만 틀어박혀 그림과 씨름했다.

1954년 6월, 경복궁 미술관에서 대한미술협회전이 열렸다. 이중섭은 〈달과 까마귀〉라는 작품을 선보였다. 보름달이 뜬 하늘에 세 가닥 전선이 걸쳐 있고, 까마귀들이 자리를 차지하기 위해 다투고 있는 그림이었다. 이 그림은 통영에 머물러 있을 때 그린 것인데, 푸른 바탕에 노란 보름달과 검은 까마귀 다섯 마리, 그리고 화면을 가로 지른 까만 전선줄 세 개가 안정적인 구도를 이루고 있다. 특히 그고 노란 보름달과 까마귀들의 작고 노란 눈은 아주 자연스러운 대비를 이룬다. 까마귀의 눈도 둥글고, 보름달도 둥글다는 점에서 두 개체는 동질성으로 만나고 있다. 마치 세 개의 까만 전선줄 위에서 날아올랐다 앉았다 하는 다섯 마리의 까마귀가 또 다른 동질성으로 합류하고 있는 것처럼, 노란색과 까만색의 대비와 어울림은 강한 흡인력으로 보는 이의 눈길을 사로잡는다.

이 그림은 전시가 되자마자 화제를 불러일으켰다. 화가들 사이에서만 찬사가 만발했던 게 아니었다. 미술품 수집가들의 경쟁도 심했다. 당시 국방부 정훈국장이던 시인 김종문이 첫날 와서 붉은 딱지를 붙여 놓았다. 자기가 사겠다고 먼저 찍어 놓은 것이었다.

그런데 그 뒤에 미국 공보원장 겸 대사관 문정관인 슈바커가 이 작품에 매료되어, 먼저 점찍어 놓은 김종문을 수소문하기 시작했다. 돈을 더 줄 테니 자신에게 되팔라는 것이었다.

그러나 김종문은 완강하게 거절했다. 하는 수 없이 슈바커는 부하 직원을 시켜 이중섭의 다른 그림을 사 갔다. 그때 사 간 그림은 얼마 후 미국 샌프란시스코 아시아재단본부 상설화랑에 전시되기도 했다.

이중섭은 자신의 그림이 잘 팔려 나가자, 그 돈을 가지고 싱글벙글하면서 명동의 친구 화가들을 찾아 나섰다. 그동안 마음의 빚을 진 친구들에게 술을 사 주려는 것이었다. 이중섭은 호주머니에 든 돈을 그날로 거의 탕진하다시피 했다. 한두 번도 아니고 매번 그림만 팔리면 명동으로 달려가 친구들에게 술을 샀다.

"중섭 형! 이번만은 돈을 좀 아껴서 물감도 사고, 저축도 하고 그래요. 다 술값으로 내면 다음에 어떻게 살아요?"

조각가 차근호가 안타까운 마음에 이렇게 말하자, 이중섭은 그

〈달과 까마귀〉 종이에 유채, 29×41.5cm, 1954년, 호암미술관 소장.

러겠다고 대답했다. 그러나 그뿐이었다. 그림이 팔리면 그 돈을 움켜쥐고 명동으로 달려가는 그의 버릇은 그 뒤로도 좀처럼 고쳐지지 않았다.

이처럼 돈을 탕진하면서도 이중섭은 여전히 마음속으로 '돈을 벌어야 한다.'고 생각했다. 일본에서 아내 이남덕이 진 빚을 갚아야 한다고 벼르면서, 집 안에 틀어박혀 열심히 그림을 그렸다.

그 무렵에는 군대에서 제대한 조카 이영진이 누상동 집으로 가끔 이중섭을 찾아오곤 했다. 이영진은 서울대학교 미학과에 다니고 있었다. 혼자 떠돌면서 아스팔트 까는 인부 노릇도 하고, 다방 내부 장식을 고치는 일도 하면서 고학으로 힘겹게 살아가고 있었다.

"숙부님, 곧 날씨가 추워질 것 같아서 이걸 가져왔어요. 덮고 주무실 것도 없을 거 같아서."

이영진은 자신이 쓰던 미군용 침낭을 이중섭에게 갖다주기도 했다.

"아니다. 네가 써라."

이중섭은 피난 올 때 함께 온 하나밖에 없는 조카를 돕지 못하는 걸 못내 안타까워하며 말했다.

"저는 젊잖아요."

이영진은 굳이 침낭을 삼촌에게 주었다.

"우리 오랜만에 소주나 한잔 할까?"

이중섭은 먹다 남겨 둔 소주를 꺼내 왔다.

"저는 미학과에 다니지만 그림은 잘 모르겠어요. 좋은 그림이 어떤 건지 요즘 와서는 통 모르겠더라고요. 특히 추상 쪽은 말예요."

미술평론가가 되고 싶다는 이영진은 자연스레 이중섭에게 그림에 대한 궁금증을 털어놓게 되었다.

"네가 잘 본 거야. 좋은 그림은 누구의 눈에나 좋게 느껴져야 해. 그런데 미학을 한다는 사람의 눈에 그림이 그림처럼 보이지 않는다면, 그건 정말 그림이 아닌 것이지. 정말 좋은 그림은 산골에 사는 농부도 알고 감탄을 해야 하는 거야. 그런데 사람들은 너무 눈치 빠르고, 욕심만 앞서지. 욕심이 앞서면 마음의 눈이 어두워져서 그림도 잘 안 보이게 되는 거야."

이중섭은 자신의 예술관을 조카에게 솔직하게 말했다.

"달이 참 좋군요."

이영진이 문득 깨진 유리창으로 보름달을 바라보며 말했다.

"그래. 여긴 달도 잘 보이지만, 별도 아주 또렷이 보인단다. 내가 시 한 수 읊어 볼까?"

이중섭은 달빛을 보자 저절로 흥에 겨워 말했다.

"좋지요."

이영진이 맞장구를 쳤다.

"지금 사람은 옛 달을 못 보았으되, 지금 달은 옛사람을 비춰
왔도다."

이백의 시였다. 이중섭은 이백과 두보의 시를 특히 좋아했다.
그리고 서양의 고전 음악 중에서는 비발디의 〈사계〉를 즐겨 듣는
편이었다.

여름이 가고, 가을도 곧 늦가을로 접어들었다. 누상동 2층 집은
몹시 추웠다. 더구나 다다미방이었기 때문에 가뜩이나 추위를 타
는 이중섭은 견딜 수가 없었다.

초겨울로 접어들 무렵, 이중섭은 화구를 싸 들고 신촌에 살고
있는 이종사촌 이광석의 집을 찾아갔다. 이렇게 신촌으로 거처를
옮긴 그는 다시 열심히 그림을 그렸다. 다음 전시회를 위해 많은
작품을 완성해 두지 않으면 안 되었다. 누상동에서 여름내 그린
것과 신촌에서 겨우내 그린 것을 합치자, 전시회를 열어도 충분할
정도로 제법 많은 작품이 모였다.

그러나 문제는 전시회에 드는 비용이었다. 오산고보 시절 같은
하숙방을 썼던 김창복이 이중섭의 전시회 비용을 마련해 보겠다
고 나섰다.

김창복은 월남한 뒤로 남산 기슭에 새로 자리 잡은 오산중학교
미술 교사로 있었는데, 그 학교 교장인 주기용에게 부탁해 보겠다
는 것이었다.

〈사계〉 종이에 유채, 26,5×36,5cm, 개인 소장.

주기용은 평안북도 정주에 오산고보를 설립한 남강 이승훈의 사위였다. 그 역시 남한으로 내려온 뒤 다시 오산중학교를 세워 명맥을 유지해 오고 있었던 것이다.

오산중학교 교장 주기용은 선뜻 미술 교사 김창복의 말을 받아들였다. 오산고보가 낳은 천재 화가 이중섭의 작품 전시회 비용을 희사하겠다고 약속한 것이다.

1955년 벽두에 이중섭은 미도파화랑에서 개인전을 열었다. 1월 18일부터 27일까지 10일 동안 전시된 작품은 모두 45점이었다. 수많은 관객들이 연일 전시회장을 가득 메웠다.

대구에서 가족을 데리고 아주 서울로 온 구상을 비롯해 김병기, 한묵 등이 매일 전시회장에서 내빈들을 안내했다. 그리고 이중섭은 그림이 팔릴 때마다 고객들에게 큰절을 했다.

"아직 공부가 덜 된 그림을 좋게 봐 주셔서 정말 부끄럽습니다. 앞으로 진짜 좋은 그림을 그리게 되면, 지금 선생님께서 계약한 그림과 바꿔 드리도록 하겠습니다."

이중섭의 이 말은 진심이었다. 자신의 그림을 인정해 주는 고객들에게 더 좋은 그림을 선사하지 못하는 것을 스스로 부끄럽게 생각했던 것이다.

이중섭은 그림이 한 점 팔리고 나면, 친구들에게 달려와 '또 한 점 업어 넘겼다.'고 말하곤 했다.

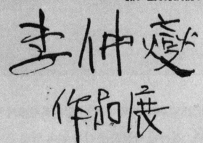

We cordially invite you to the
Fine Arts Exhibition by Mr. Lee Choong Sup
at the Mitopa Gallery.
Term: from 18th Jan.
to 27th Jan.

"The Literature & Arts" co.

李仲燮
作品展

場所 美都波 畵廊   時日 1月18日—1月27日

主催 議會報社   後援 文學藝術社

1955년 개인전 '이중섭 작품전' 표지.

"업어 넘기다니?"

그게 무슨 뜻인지 알면서도 친구들이 이렇게 물으면, 이중섭은 익살스러운 표정으로 웃으며 다음과 같이 말하는 것이었다.

"내가 이렇게 속여 먹는다고. 저런 가짜 그림에 사람들이 잘도 속아 넘어간단 말씀이야."

이중섭은 이렇게 농담처럼 말했지만, 내심 너무 서둘러 그린 자신의 작품에 대해 스스로 큰 신뢰성을 갖지 못했던 게 사실이었다.

그러나 언론들은 이중섭의 그림에 대해 격찬을 보냈다. 다른 화가들도 감탄해 마지않았다. 그중 화가 김환기는 이중섭의 그림을 보고 느낀 점을 다음과 같이 말했다.

"중섭 형의 그림을 보면, 예술이라는 것은 타고나지 않으면 안된다는 사실을 새삼 느끼게 됩니다. 중섭 형은 참 용한 것을 가지고 있어요. 어떻게 그러한 구상을 해 내고, 또 그렇게 용한 표현을 하는지, 그런 것이 정말 개성이요 민족 예술인 것 같아요. 중섭 형은 내가 가장 존경하는 미술가 중 한 사람입니다."

이중섭의 그림에 나타난 예술 세계는 인간애, 민족애, 혈육애, 향토애 등으로 표출되고 있다. 그의 생활이 적나라하게 나타나면서, 동시에 그림 속에서 그런 주제들이 처절한 몸부림으로 외쳐 대고 있는 것이다. 그것은 바로 절규였다.

이중섭은 식민지와 한국전쟁으로 인한 피난 시대를 살아오면서

1955년 개인전 때 찍은 사진.

비극적인 삶을 절규하듯 그려 낸 화가였다. 같은 시대의 화가들과 다른 점은 그만의 독특한 표현 기법에 있었다. 그의 그림 소재는 지극히 평범하고 누구나 다룰 수 있는 것들이었다. 농촌에서 흔히 볼 수 있는 소와 닭, 바닷가의 게와 발가벗은 아이들, 이런 것들이 화면 속에서 재구성될 때 거기에서 누구도 흉내 낼 수 없는 놀라운 조형미가 표출되는 것이었다.

이중섭의 그림은 사랑, 평화, 진심 같은 것을 담고 있었다. 그것은 말 없는 부르짖음이었다. 그냥 보여 주는 것에 그치지 않고, 피를 토해 내듯 온몸으로 외치고 있는 것이었다.

그런데 무엇보다도 이중섭 그림의 특징 중 하나는 가장 한국적인 것을 표출하고 있다는 데 있다. 한국인이 아니고는 표현해 낼 수 없는 소재와 선과 채색들로 이루어져 있는 것이다. 그의 그림은 은연중에 인간과 자연, 인간과 동물이 서로 동화 작용을 일으키고 있음을 느끼게 한다. 한마디로 자연에의 순응이라 할 수 있는 것이다. 그런데 그 세계는 너무 순수해서 속살까지 비칠 정도이다. 극치의 아름다움 앞에 서면 눈물이 나오듯, 그의 그림 앞에 서면 너무 순수해서 오히려 진저리가 쳐지는 느낌까지도 드는 것이다.

이중섭의 그림을 보고 시인 김요섭은 다음과 같이 말했다.

"이중섭 화백의 그림에선 원시림의 향기가 나고, 숲속 작은 새의 울음소리도 납니다. 그런가 하면 한국의 땅 깊은 곳에서 터지

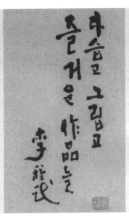

방명록 그림들. 만화가 김용환, 화가 김환기, 이종무, 작곡가 윤용하, 아동문학가 김영일의 글과 그림.

는 땅소나기 소리도 들립니다."

이러한 격찬 속에서 열린 10일 동안의 전시회는, 매일매일이 이중섭의 생일이었다. 그림 45점 중 26점이 예약됐는데, 당시로서는 보기 드문 성공적인 전시회였다. 수금이 잘되지 않아 드문드문 푼돈을 받았지만, 그는 그 돈으로 거의 날마다 친구들에게 술을 사 주었다. 그러면서 그는 차츰 병들어 가기 시작했다.

전시회가 끝나고 나서 이중섭은 건강이 안 좋아졌다. 그에게 찾아온 것은 육체의 병이 아니라 정신의 병이었다. 몸만 추위에 약한 것이 아니었다. 그는 정신적인 추위에도 견디기 힘든 체질이었다. 또, 오래도록 술을 마셔 온 것도 병의 한 원인이 되었다.

어느 날, 시인 김종문과 술집으로 향하던 이중섭은 거리의 도넛 가게 앞을 지나가다 깜짝 놀라 도망을 갔다.

"아니, 왜 갑자기 도망질을 하는 거야?"

김종문이 이렇게 묻자, 이중섭은 공포에 질린 얼굴로 말했다.

"동그란 도넛이 눈을 부릅뜨고 나를 쳐다보잖아. 도넛은 너무 무서워."

김종문은 그전에도 이중섭이 동그랗게 생긴 물건이 무섭다고 중얼거리던 것을 어렴풋이 기억해 냈다.

이중섭은 날이 갈수록 동그라미에 대한 공포증에 시달리게 되었다. 그는 여관의 문손잡이가 둥근 것만 보고도 도망쳤다. 사람들이 차고 다니는 둥근 손목시계를 보고도 깜짝깜짝 놀랐다. 술집에서 술을 마시다가도 안주가 담긴 동그란 접시가 들어오면, 기겁을 해서 자리를 박차고 일어났다.

"이봐, 바로 이거야. 이거라고."

이중섭은 자신이 들던 술잔이 둥근 걸 보고도 놀라서 술잔을 팽개치며 일어섰다.

"뭘 가지고 그래? 그 술잔이 어쨌다는 거야?"

친구들이 그렇게 물으면, 이중섭은 잔뜩 겁에 질린 얼굴로 벌벌 떨면서도 말은 이렇게 했다.

"동그란 것을 보면 참 좋단 말야."

"좋은데 왜 피해? 뭐가 무서워?"

친구들은 답답한 생각에 오히려 이렇게 이중섭을 몰아붙이곤 했다.

"좋은 것은 무섭지. 아암, 무섭고말고. 좋은 걸 안다는 건 참으로 무섭지."

이중섭은 이렇게 알 듯 모를 듯한 말을 횡설수설 늘어놓았다.

이중섭은 미도파화랑에서 전시회가 끝난 지 20일 뒤 전시회 때 팔고 남은 작품 20여 점을 가지고 대구로 내려갔다. 대구에서 개인 전시회를 한 번 더 열고 싶었던 것이다. 그러나 사실 그가 대구로 내려간 까닭은 그동안 피로해진 심신을 정양하려는 데 있었다.

대구에서 이중섭은 여관방에 머물며 그림 그리는 데 몰두했다. 그는 돈 한 푼 없이 오직 자신의 작품만 가지고 대구에 온 것이었다. 그림 도구도 없었다. 그래서 칠곡에 살고 있는 최태응이 미술 도구들을 사다 주어 겨우 그림 그리는 작업을 시작할 수 있었다.

"자, 이 9호실이야말로 자네 예술의 본거지라는 걸 알게. 여기서 정말 자네 말대로 멋진 작품을 만들어 봐."

미술 도구를 사다 주며 최태응은 이렇게 이중섭에게 용기를 북돋아 주었다.

이중섭이 묵고 있던 곳은 대구 역전 부근에 있는 경복여관 2층 9호실이었다. 최태응이 9호실을 들먹이며 '예술의 본거지'라고 말한 것은 그 때문이었다.

이중섭은 이곳에서 그림을 그리며, 일본에 있는 아내와 두 아들이 생각날 때마다 수첩에 넣어 가지고 다니는 사진을 꺼내 바라보며 울었다. 그러다가 그는 문득 편지지를 꺼내 놓고 아들 태현에게 편지를 썼다.

"아버지가 곧 가겠다. 세발자전거도 사 주겠다. 동생하고 싸우지 말고 잘 놀아야 한다. 엄마는 좋은 엄마다. 엄마 말 잘 듣고 할머니 말씀도 잘 들어라. 엄마 말 안 들으면 이다음에 자라서 훌륭한 사람이 되지 못한다. 아빠 있는 곳은 아주 춥다. 너희들도 두꺼운 옷을 입고 병나지 않게 해야 한다."

이렇게 한달음에 사연을 적어 내려간 이중섭은 편지지의 여백에다 수신인인 아들 태현이와 태성이의 귀여운 얼굴과 발신인인 자신의 얼굴을 그렸다. 아내 이남덕도 그려 넣고, 한쪽 구석에다 사 주겠다고 약속한 세발자전거를 그려 넣는 것도 잊지 않았다.

　대구에서 이중섭의 개인 전시회가 열린 것은 1955년 5월이었다. 대구 미국문화원에서 열렸는데, 이때 전시된 작품은 40여 점이었다. 서울에서 가지고 온 20여 점과 함께 전시되었으니까, 대구 경복여관 9호실에서 불과 몇 달 사이에 그린 작품이 20여 점이나 된다는 얘기였다. 그는 절대 고독 속에서 정말 온 정열을 다 바쳐 그림을 그린 것이었다.

　대구 미국문화원 책임자인 맥타가트가 이중섭의 황소 그림을 보고 말했다.

　"당신의 그림은 참 훌륭합니다. 아주 잘 보았습니다."

　"……."

　대구 백마다방에서 마주 앉은 이중섭은 그저 멀뚱한 시선으로 상대를 건너다보았다.

　"그런데 당신의 황소는 꼭 스페인의 투우처럼 무섭더군요."

　"뭐라고요? 투우라고요? 내가 그린 황소는 그런 싸우는 소가 아니오. 착한 황소요. 소 중에서도 특히 일 잘하는 한국의 황소란 말이오."

〈낙원〉 은박지 그림, 뒷날 미국 뉴욕 모던아트뮤지엄에 소장된 작품.

〈낙원의 가족〉 은박지 그림. 뒷날 미국 뉴욕모던아트뮤지엄에 소장된 작품.

이중섭은 갑자기 벌떡 일어나며 이렇게 소리쳤다. 그 길로 다방을 나온 그는 자신의 여관방에 틀어박혀 엉엉 소리 내어 울었다.

전시회가 끝나고 나서였다. 이중섭은 팔리지 않은 그림들을 여관 부엌의 아궁이에 집어넣고 불을 붙였다.

"잘 타거라. 가짜 그림들아, 잘 타거라."

이중섭은 염불을 하듯 이렇게 혼잣소리로 떠들어 대면서 자신이 그린 그림들을 모두 태우고 있었다.

뒤늦게 그걸 발견한 여관 사람들이 말리고, 그 소식을 듣고 달려온 최태응이 이중섭을 위로했다.

그러나 그때 이미 이중섭은 정상 상태가 아니었다. 이런 상태가 심각한 지경에 이르자, 최태응은 그를 대구 성가병원에 입원시켰다. 성가병원에서도 역시 그가 입원한 병실은 9호실이었다.

그 무렵부터 이중섭은 거식증에 시달렸다. 도무지 음식을 받아들이지 않는 것이었다. 간염이 극심해지면 그런 현상이 일어날 수도 있었다. 아무튼 밥을 먹지 않으니 몸은 더욱 쇠약해질 수밖에 없었다. 그의 노란 수염은 턱을 덮고 가슴까지 내려왔다.

"이 세상에 면목이 없어. 나는 세상을 속였다고. 예술을 한답시고 공밥만 얻어먹으면서 놀았다고."

이중섭은 문인 친구들이 문병을 오면 이렇게 말했다.

1955년 8월, 서울에서 이종사촌 이광석과 친구 김이석이 이중섭을 데리러 왔다. 병원에서 이중섭을 데리고 나온 이들은 대구 역전의 중국집에서 자장면을 시켜 먹었다.

그때 배웅 나온 최태응의 귀에다 대고 이중섭이 속삭였다.

"이 새끼들이 나를 잡으러 왔다. 그러나 나는 서울 안 가. 왜관 쯤 가서 몰래 도망쳐 올 거야."

그러는 이중섭을 바라보며 최태응은 눈시울이 붉어졌다.

서울로 올라온 이중섭은 일단 신촌에 있는 이광석의 집으로 가 게 됐다. 그곳에서 심신을 안정시키면 병원보다 더 나을 수도 있 다는 생각에서였다. 그러나 갑갑한 집 안 생활은 그에게 더욱 나 쁜 결과만 초래했다. 거식증이 더욱 심해져서 도무지 음식을 입에 대지 않았을 뿐만 아니라 자기 머리를 빡빡 깎아 버렸고, 엄지손 가락을 피가 나도록 문질러 댔다.

"왜 손가락에 피를 내고 그러나?"

친구들이 문병을 와서 이렇게 물으면, 이중섭은 천연덕스럽게 다음과 같이 대답했다.

"남덕이가 미워서……. 남덕이를 죽이려고."

이중섭은 또 거지 같은 화가와 시인들을 모조리 죽여야 한다고 떠들어 대기도 했다. 당시 이중섭을 돕겠다는 신문 기사를 내고 그때 모금된 돈을 자기들끼리 써 버린 화가와 시인들이 더러 있었 으니, 그런 말이 나오는 것도 무리는 아니었다.

신촌에서 일주일 동안 있으면서 이중섭의 병은 더욱 악화되었다. 구상은 그를 수도육군병원에 입원시켰다. 예전에 종군기자로 일한 경력이 도움이 되었다. 그런데 그 병원의 담당 군의관 소령 유석진은 이중섭에게 전기 요법을 사용했다. 전기 요법은 제2차 세계대전 당시 미국에서 정신병에 큰 효력이 없다고 판단되어 그 뒤 금지된 치료 방법이었다. 뿐만 아니라 환자가 심한 거식증으로 음식을 기피하자, 몸을 묶어 놓고 간호병들이 억지로 먹이게 했다. 마침 한묵이 문병을 갔다가 그 광경을 목격하고, 담당 군의관을 찾아가 다른 병원으로 옮겨 줄 것을 부탁했다.

이중섭은 곧 개인 병원인 삼선교에 있는 성베드로병원으로 옮겨졌다.

조카 이영진이 성베드로병원으로 문병을 가자, 이중섭은 연필로 자신의 초상화를 그려 보여 주며 말했다.

"나더러 사람들이 정신병자라고 해서, 나는 내가 정신병자가 아니라는 걸 보여 주기 위해 이 그림을 그렸다. 영진아, 너는 나를 정신병자라고 생각하지 않지? 그렇지?"

이영진은 목이 메었다. 그가 대답을 안 하자, 이중섭은 다시 다그치듯 물었다.

"그렇지 않지? 난 정신병자가 아니야. 그걸 네가 증명해 줘."

"그래요. 숙부님은 정신병자가 아니에요."

〈자화상〉 종이에 연필 그리고 색연필로 서명, 48.5×31cm, 1955년, 개인 소장.

이영진은 끝내 울음을 삼킬 수가 없어 병실을 뛰쳐나오고 말았다.

이중섭은 환자 생활을 견디다 못해 간호사 몰래 병원을 탈출한 적도 있었다. 그는 친구들이 그리워 명동 일대를 헤매다가 혜화동에 있는 한묵의 집으로 찾아들었다. 한묵은 이중섭을 하룻밤 재운 뒤 잘 달래서 다시 병원에 데려다 주었다.

그 뒤 이중섭은 어느 정도 병이 나아가는 듯했다. 한묵은 정신 병원보다 정릉 같은 한적한 곳에서 마음의 수양을 하는 것이 더 좋을 것이라는 생각에 그를 병원에서 퇴원시켰다.

정릉에는 화가 박고석이 살고 있었는데, 그의 소개로 은행나무 한 그루가 서 있는 계곡 앞 한적한 집에 하숙방을 하나 마련할 수 있었다. 이중섭은 이곳에서 산책을 하고, 가끔 스케치도 할 수 있을 정도로 건강이 회복되었다.

어느 날, 이중섭은 신문에서 당시 상영 중이던 〈돌아오지 않는 강〉이라는 영화 광고를 보았다. 그는 아내 이남덕에게 온 편지들을 광고면 테두리에다 다닥다닥 붙였다. 그리고 그 옆에다 그림을 그렸다. 한 아낙이 목판을 이고 판잣집을 향해 오고 있고, 한 사내가 창문에 두 손을 얹고 누군가를 하염없이 기다리는 그림이었다. 그는 이미 아내 이남덕이 '돌아오지 않는 강' 저편에 서 있음을 느끼고 있었던 것이다.

정릉에서 추운 겨울을 보내고 다시 봄을 맞았을 때, 또 다른 병마가 이중섭의 몸에 찾아왔다. 급성 간염으로 온몸에 황달이 온 것이었다. 이중섭은 다시 음식을 거부하기 시작했다. 극도로 허약해진 그의 몸을 걱정한 친구들이 그를 청량리 뇌병원에 입원시켰다.

담당 의사 전병린은 이중섭의 병세를 이렇게 진단했다.

"이 사람의 정신은 말짱합니다. 정신과가 아니라 내과 대상입니다."

말하자면 이중섭은 정신병이 아니라 간 질환을 앓는 중증 내과 환자라는 이야기였다.

이중섭은 다시 서대문 적십자병원으로 옮겨졌다. 그때가 1956년 7월이었다. 무더위가 기승을 부리자, 그의 병실을 찾는 친구들도 뜸해졌다.

적십자병원에서도 이중섭은 식사를 거부했다. 더구나 황달로 인한 식욕 부진까지 겹쳐 몸이 비쩍 말랐다. 간염 증상이 더욱 심해진 것이었다. 그러나 그는 조금이라도 기운을 차리면 손톱으로 은박지에 그림을 그렸다.

어느 날 조카 이영진이 문병을 가자, 이중섭은 힘없는 목소리로 말했다.

"네가 올 줄 알았지. 이제 난 몇 시에 누가 올 거라는 걸 미리

점칠 수 있단다. 곧 죽으려나 봐."

여름이 지나고, 가을이 문턱에 와 있었다. 병실에 혼자 누운 이중섭은 혼잣소리로 중얼거렸다.

"이젠 아무도 오지 않을 거야."

이중섭은 문득 기운을 차리고 침대에서 일어났다. 연필을 찾아 쥐고 친구 구상의 시 〈세월〉을 적어 나갔다.

　　　세월은 우리의 연륜을

　　　묵혀 가고

　　　철 따라 잎새마다

　　　꿈을 익혔다 뿌리건만

　　　오직 너와 나의

　　　열매와 더불어

　　　종신토록 이렇게

　　　마주 서 있노라.

종이 여백에다 이중섭은 다시 해와 달, 나무와 초가집, 그리고 아이들을 그려 넣었다.

이중섭은 노란 달을 하염없이 바라보았다. 그러더니 희미하게 웃었다. 그의 병실 침대 곁에는 아무도 없었다. 그저 달빛만 창문 가

〈돌아오지 않는 강〉 종이에 연필과 유채, 20.3×16.4cm, 1955년, 개인 소장.

득 쏟아져 들어와 하얀 시트 위에 노란 물감을 적셔 놓고 있었다.

"그래, 저거야. 바로 저거야. 저 동그란, 저 아름다운, 저 무섭도록 진저리 쳐지는……"

이중섭은 환희에 차서 이렇게 외쳐 댔다. 이제 동그라미는 그를 두렵게 하지 않았다. 무섭도록 진저리 쳐지는 느낌 속에서, 그는 온몸으로 희열을 느끼고 있었다.

다음 날, 적십자병원 영안실 흑판에는 이렇게 적혀 있었다.

'1956년 9월 6일 오전 11시 45분 간장염으로 입원 가료 중 사망. 이중섭. 40세.'

이중섭의 주검은 무연고자로 처리되어 3일 동안 적십자병원 영안실에 방치되어 있었다. 누구 하나 향 한 줄기 피워 올리지 않은 채였다. 그리고 주검이 덮인 시트에는 그동안 밀린 병원비 계산서가 죽음의 증명서인양 붙어 있었다.

죽은 지 사흘 만에 친구 김이석에 의해 발견된 이중섭의 시신은 1956년 9월 9일 화장터로 보내졌고, 그 유골은 봉원사에 맡겨졌다가 나중에 망우리 공동묘지에 묻혔다. 그 유골 가운데 반은 구상에 의해 일본에 있는 아내 이남덕에게 보내졌다.

사후 영정으로 쓰인 사진, 허종배 촬영

작가의 말

예술은 궁극적으로 창작자 스스로의 내면에 숨은 자아를 세상 밖으로 끌어내는 행위와 다름없다. 미술은 그림으로, 문학은 글로, 무용은 몸짓으로 자신을 찾아가는 영적인 여행이라고 할 수 있다.

화가 이중섭은 그림으로 자신의 인생을 표현한 대표적인 예술가다. 그의 그림을 보면 파란만장한 일생이 파노라마처럼 담겨 있음을 새삼 깨닫게 된다. 이중섭은 자신이 그때그때 겪은 삶의 고통과 정신적 갈등을 캔버스에 선과 색채로 표현하여 작품 속에 인생의 여정을 숨김없이 녹여 낸 것이다.

이 책을 처음 펴낸 것이 2006년이니까, 벌써 출간된 지 올해로 18년이 되는 셈이다. 출판사에서 새롭게 편집하여 독자들에게 선보인다고 해서 다시 읽을 기회가 생겼다. 모처럼 만에 화가 이중섭의 예술혼을 더 깊이 있게 접할 수 있는 기회가 되어 매우 기쁘지 않을 수 없었다.

그동안 이중섭에 관한 책은 전기·평전·화집 등 여러 방식으로 많은 저자에 의해 조명되어 왔다. 이 책은 전기문 형식으로 접근하여, 다양한 연령의 독자들이 즐겨 읽고 이해하기 쉽게 쓰려고 노력했다. 따라서 소설적 형식을 가미하여 대화체를 많이 섞었으며, 시기별로 그려진 그림 도판을 넣어 작품도 감상할 수 있도록 하였다. 본문에 애써 그림에 대한 평까지 곁들인 것은, 글쓴이로서 조금이나마 독자들의 이해를 도울 수 있었으면 하는 바람 때문이었다.

전기란, 주인공의 인생이 독자들에게 큰 감동을 주어 미래의 꿈을 키우는 마중물이 되도록 하는 데 목적을 두고 있다고 하겠다. 매일 화분에 물을 주어 꽃을 피우듯이, 꿈을 키우기 위해서는 자신이 가고자 하는 분야에 대해 깊은 관심을 가지고, 마치 돌탑을 쌓듯 남다른 애정과 정성을 기울여 노력해야 한다.

화가 이중섭은 단 한시도 잊지 않고 자신의 그림을 위한 노력을 아끼지 않았다. 그는 철저하게 몸과 마음을 다해 그림을 그린 화가다. 영혼의 피를 짜내 캔버스에 자신의 인생을, 삶의 진정성을 형상화한 예술가다. 꿈을 가진 독자들에게 일독을 권한다.

2024년 봄

저자 엄광용

이중섭 연보

1916년 4월 10일, 평안남도 평원군 조운면 송천리에서 이희주와 안악 이 씨 사이에서 3남매 중 막내로 태어나다.

1920년 이중섭이 날 때부터 앓던 아버지가 죽다.

1923년 마을 서당에서 한문을 배우다가, 평양 외가로 가서 종로공립보통학교에 입학하다.

1929년 종로공립보통학교를 졸업하고, 오산고등보통학교에 입학하여 임용련과 백남순의 지도를 받다.

1931년 소를 즐겨 그리기 시작했으며, 두꺼운 한지에 먹물을 칠한 뒤 철필이나 펜촉으로 긁어 내 흰 바탕이 드러나게 하는 실험적인 방식을 시도하다.

1932년 가족 모두 원산으로 옮기다.

1935년 일본으로 건너가 도쿄에 있는 데이고쿠미술학교에 입학하다.

1936년 개방적이고 자유스러운 분위기의 예술 전문 과정인 분카가쿠인으로 옮겨 입학하다.

1938년 도쿄를 근거지로 활동하는 미술가들이 창립한 단체인 자유전에 3점의 〈소묘〉와 2점의 〈작품〉을 출품하여 입선하고 협회상을 받다.

1940년 야마모토 마사코와 사랑에 빠지다. 경성에서 개최된 제4회 자유전에 〈서 있는 소〉, 〈망월〉, 〈소의 머리〉, 〈산의 풍경〉을 출품하다.

1941년 도쿄에서 결성된 조선신미술가협회 창립전에 〈연못이 있는 풍경〉 등을 출품하다.

1942년 제6회 자유전에 〈소와 아이〉, 〈봄〉, 〈소묘〉, 〈목동〉 등을 출품하다.

1943년 제7회 자유전에 이대향이라는 이름으로 5점의 〈소묘〉와 〈망월〉, 〈소와 소녀〉, 〈여인〉 등을 출품하다. 〈망월〉로 특별상인 태양상을 수상하다.

1945년 원산에서 야마모토 마사코와 결혼하고, 아내의 이름을 이남덕으로 바꾸다.

1946년 첫아들이 태어났으나 곧 죽다. 아들의 관에 복숭아를 쥔 어린이를 그린 연필화 여러 점을 넣다.

1947년 평양에서 열린 해방기념미술전람회에 〈하얀 별을 안고 하늘을 나는 어린이〉를 내다. 아들 태현이 태어나다.

1949년 아들 태성이 태어나다.

1950년 전쟁이 발발한 직전에 형 이중석이 행방불명되다. 부산으로 내려와 피난 생활을 하다.

1951년 봄에 가족과 함께 제주도 서귀포로 건너가다. 이때 그린 것으로 유화 〈서귀포의 환상〉, 〈섶섬이 보이는 서귀포 풍경〉, 〈바닷가의 아이들〉 등이 있다.

1952년 국방부 정훈국 종군화가단에 가입하다. 여름에 부인과 아들이 일본인 송환선을 타고 일본으로 가다.

1953년 신사실파 제3회 동인전에 2점의 〈굴뚝〉을 출품했다가 당국의 조사를 받고 철거당하다. 일본으로 가서 아내와 아이들을 만나고 일주일 만에 돌아오다. 이때부터 아내와 아이들에게 편지와 엽서 그림들을 보내기 시작하다. 〈달과 까마귀〉, 〈떠받으려는 소〉, 〈노을 앞에서 울부짖는 소〉, 〈흰 소〉, 〈부부〉 등 여러 작품을 완성하다.

1954년 경복궁 미술관에서 열린 대한미술협회전에 〈소〉, 〈닭〉, 〈달과 까마귀〉를 내서 호평을 받다. 대표작 〈도원〉, 〈길 떠나는 가족〉 등을 그리다.

1955년 1월 18일~27일에 서울 미도파화랑에서 개인전을 개최하다. 유화 41점, 연필화 1점, 은박지 그림을 비롯한 소묘 10여 점을 전시하다. 5월에 대구 미국문화원 전시장에서 개인전을 열다. 당시 미국문화원의 책임자 맥타가트가 이 전시회에 출품한 은박지 그림 3점을 구입하여 미국 뉴욕 모던아트뮤지엄에 기증하다.

1956년 영양실조와 급성 간염으로 고통을 겪다가 서울 적십자병원 내과에 입원하다. 입원한 지 한 달가량 지난 9월 6일 숨을 거두다. 화장된 뼈의 일부는 망우리 공동묘지에, 다른 일부는 일본에 살던 부인에게 전해져 그 집 뜰에 묻히다.

이중섭 __ 고독한 예술혼

제1판 제1쇄 발행일 2006년 9월 6일

개정판 제1쇄 발행일 2024년 5월 30일

엄광용 글

펴낸이·곽혜영 | 편집·박철주 | 디자인·소미화 | 마케팅·권상국 | 관리·김경숙

펴낸곳·도서출판 산하 | 등록번호·제2020-000017호

주소·03385 서울특별시 은평구 연서로26길 27, 대한민국

전화·02-730-2680(대표) | 팩스·02-730-2687

홈페이지·www.sanha.co.kr | 전자우편·sanha0501@naver.com

ⓒ 엄광용 2006

ISBN 978-89-7650-606-1 43990